学习者
的
隐秘生活

让课堂学习看得见

[新西兰] 格雷厄姆·纳托尔（Graham Nuthall） 著　宋其辉 译

华东师范大学出版社

·上海·

图书在版编目(CIP)数据

学习者的隐秘生活:让课堂学习看得见/(新西兰)格雷厄姆·纳托尔著;宋其辉译.—上海:华东师范大学出版社,2023

ISBN 978-7-5760-4123-1

Ⅰ.①学… Ⅱ.①格…②宋… Ⅲ.①课堂教学-教学研究 Ⅳ.①G424.21

中国国家版本馆 CIP 数据核字(2023)第 189293 号

The Hidden Lives of Learners By Graham Nuthall / 9781877398247
© Jill Nuthall,2007
© Ian A. G. Wilkinson and Richard C. Anderson,Chapter 7.
Originally published in English by NZCER Press in Wellington, New Zealand.
Simplified Chinese translation copyright © 2024 by East China Normal University Press Ltd.
Translated by Qihui Song
All Rights Reserved.

上海市版权局著作权合同登记　图字:09-2022-0436 号

学习者的隐秘生活:让课堂学习看得见

著　者　[新西兰]格雷厄姆·纳托尔
译　者　宋其辉
责任编辑　王丹丹
责任校对　廖钰娴　时东明
装帧设计　刘怡霖

出版发行　华东师范大学出版社
社　址　上海市中山北路3663号　邮编 200062
网　址　www.ecnupress.com.cn
电　话　021-60821666　行政传真 021-62572105
客服电话　021-62865537　门市(邮购)电话 021-62869887
地　址　上海市中山北路3663号华东师范大学校内先锋路口
网　店　http://hdsdcbs.tmall.com

印刷者　浙江临安曙光印务有限公司
开　本　787毫米×1092毫米　1/16
印　张　12.5
字　数　135千字
版　次　2024年1月第1版
印　次　2024年11月第2次
书　号　ISBN 978-7-5760-4123-1
定　价　48.00元

出版人　王焰

(如发现本版图书有印订质量问题,请寄回本社客服中心调换或电话 021-62865537 联系)

目 录

译者序　　　　　　　　　　　　　　　　　1
致谢　　　　　　　　　　　　　　　　　　1
前言　　　　　　　　　　　　　　　　　　1
引言　　　　　　　　　　　　　　　　　　1
本书内容　　　　　　　　　　　　　　　　1

第一章　对于有效教学我们了解多少？　　1
　　教师与计算机、电视或好书有何不同？　　3
　　为什么不能通过听课来区辨出一位好教师？　　5
　　为什么没有关于好老师或坏老师的通用标准？　　7
　　为什么公开的学业评价不能提升教学水平？　　10
　　为什么教师不能通过使用最好的教学方法而变得更富成效？　　12
　　为什么学习风格与学习毫不相关？　　15
　　我们如何判断教学何时有效？　　17
　　有效教学的标准或特征　　18
　　公认的疑难问题　　21

第二章	评价的神话和误区	23
	在评价学习之前用学业测试评估学习动机	25
	为什么要用数字记录测试结果？	27
	学生如何回答测试问题	29
	记忆搜索系统	31
	演绎推理系统	34
	直接回忆屈指可数	36
	适合用来评价学生学习的评价方式	37
第三章	理解学生如何学习和记忆学习内容	43
	我们如何开展研究	44
	分析数据	50
	预测学生学习	51
	一个七年级学生学习的案例	52
	学习是如何发生的	59
	我们如何获知工作记忆的发生	63
	对教学的启示	71
第四章	课堂生活：学习发生的情境	75
	课堂的三个世界	76
	三个世界对学生学习有多大影响？	77
	同伴关系的影响	80

处理分歧	85
获取资源和信息	86
学生的许多知识来自同伴	88
通过同伴互动塑造自我概念	90
能力在学生学习中扮演什么角色？	93
关于学生在课堂中的学习我们知道些什么？	100
对教学的启示	102
融入同伴文化	102
营造强大的课堂文化	104

第五章　学生如何从各种体验中学习　　105

学生体验到什么信息？	106
关于工作记忆发生过程的个案研究	114
预测学生学习	125
两个重要结论	128

第六章　种族差异与学习　　131

瑞塔的故事	133
图伊的故事	137
泰恩的故事	145
班级中的种族角色	155

第七章 总结：为了学习的教学 　　　　　　　　　159

什么是学习？ 　　　　　　　　　　　　　　　160

　　学习是高度个性化的 　　　　　　　　　　　160

　　学习通常包含学生所知道或能做的事件的逐步改变 　　161

　　学习是从体验中提取出信息并使其具有意义 　　162

　　学习经常来自学生自己选择的或内生的体验 　　163

　　课程内容的学习与课程内容所涉及的体验和活动以及

　　　普遍存在的同伴文化密不可分 　　　　　　163

　　学习是多层次的 　　　　　　　　　　　　　164

这对教学意味着什么？ 　　　　　　　　　　166

　　基于学生的记忆特点设计学习活动 　　　　　167

　　鼓励学生参与能让他们重新审视概念的活动 　168

　　监控学生对概念的理解 　　　　　　　　　　168

　　聚焦"重要问题" 　　　　　　　　　　　　169

　　借助同伴文化促进学习 　　　　　　　　　　169

　　鼓励学生逐渐管理自己的学习活动 　　　　　170

参考文献 　　　　　　　　　　　　　　　　　171
格雷厄姆·纳托尔的其他与课堂研究有关的作品 　175

　　其他公开发表的相关论文 　　　　　　　　　176

　　拓展信息 　　　　　　　　　　　　　　　　176

译者序

《学习者的隐秘生活：让课堂学习看得见》是格雷厄姆·纳托尔一生智慧的结晶。在本书中，格雷厄姆·纳托尔展示了学生学习的详细过程，通过对学生之间公开和私下对话的研究，阐明了学生在课堂中学习新概念的过程，以及误解是如何产生的。

根据格雷厄姆·纳托尔的研究，当学生理解课堂体验时，课堂体验存储在工作记忆中。这个过程包括与先前知识和暂时存储在工作记忆中的其他相关体验建立联系，涉及对照先前知识和观点对新的体验进行评价，以及评价该体验所隐含的内容。学生根据对新体验的评价，将其整合到先前知识中，或改变先前知识，或被先前知识改变。

格雷厄姆·纳托尔指出，学生学习主要取决于他们接触到的信息。这意味着需要仔细设计教学活动，以便学生无可避免地与这些相关信息进行交互。学生需要在至少三个不同的场合遇到某个概念的完整解释，才能学会这个新概念。关于自我体验如何影响学生个体学习、学生从同伴那里学习，以及同伴的地位如何影响学生的学习机会，本书都有着令人震惊的发现。

本书阐述了学生学习发生的不同空间环境。格雷厄姆·纳托尔以案例的形式为我们展现了学生的三个世界：教师看到并管理的公共世界;同伴关系持续发展的半私人世界;学生心灵的私人世界。在这三个世界中,作为教师,在教室里所能看到的大多是自己管理的公共世界。

最后,本书总结了关于学生学习的重要观点,并给出了对教学的启示。

宋其辉

2023 年 9 月 10 号

致　谢

重要的是要感谢许多学生和教师提供的帮助与拥有的耐心，他们在课堂上容忍了我们研究团队的存在。根据我们双方的约定，他们必须匿名，但这不能掩盖他们的奉献和付出，我们记得每一位参与者，他们不但要忍受我们期盼的眼神和各种仪器设备，而且愿意回应我们的提问并让我们观察他们的工作，对此我们心怀感激。与学生相比，对教师来说这可能更难。学生已经习惯了成年人出现在课堂上，并且认为这是校园生活的一部分。相反，教师并不习惯外人出现在他们的课堂上，观察并记录发生着的一切。如果没有老师们的勇气和容忍，将不可能有本书中的研究成果。我希望本书的出版能够表达我们由衷的谢意。

我们的研究团队在背后做了大量的数据收集和分析工作。由于我们用于研究的经费捉襟见肘，他们不得不拿最低的周薪报酬。作为一个团队，在过去的多年中，他们在这些枯燥乏味的重复工作中展现出了惊人的敬业精神。在过去的十年里，安西娅·克里伯恩-布朗（Anthea Clibborn-Brown）负责管理研究项目，进行课堂观察，转录录音记录资料。菲利普·鲍伦（Phillipa Bowron）在前期的研究中做了大量的数据分析工作。林恩·沃德（Lynne Ward）和凯西·伦顿（Kathie Renton）承担了大量的后期录音转录工作。两位博士生——苏·柯林斯（Sue

Collins)和罗尼·奥图尔(Ronnie O'Toole)——作为观察者参与了后期的研究,并分析了大部分基础数据。

我最为亏欠的是阿德里安·阿尔顿-李(Adrienne Alton-Lee)。我从20世纪60年代起开始教学方面的研究,是她在20世纪70年代末做的博士论文让我的研究从关注教师转向关注学生。跟踪学生个体的体验,这是她的观点,这样我们就能够知道学生学习的内容和方式。她的博士论文是最早关注学生学习和课堂体验分析的论文。20世纪80年代,我们一起深入开展学生个体学习体验的研究,研发技术以便能让我们确切地了解学生个体学习的内容和方式。20世纪90年代,她去了维多利亚大学,而我继续进行这个主题的研究,研究的方向还是之前她的博士论文所设定的方向。

除了我们的团队,我还要感谢坎特伯雷大学教育学院的资深技术员罗杰·科比特(Roger Corbett)专心致志的工作。他制作、改进并维护学生学习期间穿戴的微型麦克风设备。他用带有ZOOM社交软件的微型照相机和广角镜搭建起视频录制系统。在研究之始和结束时,他都要爬到梯子顶端,梳理照相机、音频和视频接收器的电缆,把设备从天花板的梁上悬挂下来,花费大量的时间来搭建(或拆除)设备。

格雷厄姆·纳托尔
2004年

2001年，格雷厄姆和我驻在科莫湖边贝拉吉奥的洛克菲勒基金会研究会议中心，我们共用一个花园工作室，工作室里有一条长凳、两把椅子和两台电脑。在那里格雷厄姆常常夜以继日地分析研究数据，并时不时地把发现告诉我。那些美妙的成果都包含在这本书里。

格雷厄姆留给我们的是这本书的提纲。自从他去世之后，一群志同道合的研究者和我一起赋予了这本书血肉，新西兰教育研究委员会出版社（NZCER Press）的贝夫·韦伯（Bev Webber）的全力支持让本书顺利出版。

因为我不是教育工作者，所以我要依靠格雷厄姆的老同事完成他的研究。他们深耕国际课堂研究几十年，敢于迎接挑战。格雷塔·莫林-德希默（Greta Morine-Dershimer），作为团队成员之一，是受人尊重的研究人员，是理事编辑，也是格雷厄姆的挚友，她从一开始就负责这本书的撰写。她提供了大量的参考文献，处理评论者提出的技术问题，遴选并举证课堂研究文本中的附加案例。格雷塔对本书内容了如指掌，她是撰写前言的最佳人选。

格雷厄姆原本打算亲自撰写总结这一章节。感谢伊恩·威尔金森（Ian Wilkinson）和理查德·安德森（Richard Anderson）勇于担此重任，投身于这项不熟悉的工作中，即把自己的观点放在一边，进入到另外一位教育家的思想中，成为他的代言人。格雷厄姆非常欣赏理查德的工作，理查德和格雷塔都曾在坎特伯雷大学与格雷厄姆的研究团队一起工作过。他们亲身体验了格雷厄姆的方法和成果，而伊恩·威尔金森从他的奥克兰大学时期就知晓格雷厄姆和他的工作。

我经常想起坎特伯雷大学的同事和格雷厄姆·纳托尔课堂研究信托基金董事会成员给予的专业建议。甚至在他去世前的一周，格雷厄姆还在为完成本书而工作。他与该信托基金会主席艾莉森·吉尔摩(Alison Gilmore)交流观点和期望,她和我齐心协力为完成格雷厄姆的嘱托而努力。感谢埃洛迪·拉斯根(Elody Rathgen),他将基础文本整理得井井有条。感谢巴尔吉特·考尔(Baljit Kaur)为本书出版做出的努力。苏·柯林斯和罗尼·奥图尔慷慨地贡献了他们的博士论文,作为在格雷厄姆带领下完成的课堂对话的附加内容。感谢米歇尔·克拉克(Michelle Clarke)与其他提供额外参考资料和校对内容的人员。

朋友们给了我专业的支持和睿智的建议,尤其是彼得·伍兹(Peter Woods)给予法律方面的建议,还有乔西(Josie)和伊万·斯诺克(Ivan Snook)、德姆·安·赫克斯(Dame Ann Hercus)、鲍勃·曼特伊(Bob Manthei)、海伦·肖(Helen Shaw)、丹尼斯·谢特(Denise Sheat)以及为本书命名的我妹妹——作家瑞秋·麦卡平(Rachel McAlpine)。亲爱的大家庭的鼎力支持使格雷厄姆的夙愿成真,著作得以出版。

这本书是格雷厄姆本来一直想写的,但后来由于他写了一篇长篇学术文章而被耽搁了,那篇文章内容丰富,旁征博引。当意识到留给他的时间不多时,他说他必须按照自己的想法来写这本书。他再也没有时间找任何借口,也不必证明自己的观点,甚至连引证的时间都没有。如果你看到了其中的漏洞,或者想质疑他的主张,那就去做。他只会要求你阅读它,并在你想要了解学习者隐秘的生活时,使用对你有用的内容。

吉尔·纳托尔(Jill Nuthall)

2007 年

前　言

1991年,我有幸与阿德里安·阿尔顿-李在格雷厄姆·纳托尔当时在新西兰克莱斯特彻奇进行的一系列课堂研究中观察了一天的数据收集。我对所看到的一切兴趣盎然,印象深刻。这种研究方法是与阿尔顿-李合作开始的,格雷厄姆在接下来的一系列研究中继续使用了它。在这项工作中,格雷厄姆将经常被孤立看待的知识领域连接了起来。正如杰瑞·布劳菲(Jere Brophy)所指出的:

这项工作的独特之处在于,它不仅可以让学生了解他们对课程和讨论的公开贡献,还可以让学生了解他们与同伴的闲聊,甚至是他们对自己的观察(当他们自言自语时)。在这项工作中开发的转录文本和相关材料构成了一个丰富且独特的数据库,格雷厄姆利用独特的分析策略成功地挖掘了这些数据,从而得出了独特的发现。(Brophy, 2006, p. 529)

他的理解来自定性和定量研究方法的运用,包括对教学和学习的洞察,并描述了在社交和文化背景下发生认知学习的课堂。格雷厄姆发表的大量报告(如 Nuthall, 1997, 1999)证明,他对课堂学习的观点获得了国际关注。

然而,获得国际赞誉并不是格雷厄姆追求的目标。他希望帮助教师为学生提供并扩大学习机会。为此,他在临终前的病榻上投入了大量的时间和精力为教师们写这本书。虽然这些研究是在新西兰进行的,但本书将惠及所有教师,不论远近。

《学习者的隐秘生活:让课堂学习看得见》提供了学生公开和私下对话的明确案例,阐明了学生在课堂任务中学习新概念的过程,以及误解是如何产生的。关于自我体验如何影响学生个体学习、学生从同伴那里学习,以及同伴的地位如何影响学生的学习机会,本书都有着令人震惊的发现。三名少数族裔(毛利人,太平洋岛民)学生的个案研究表明,课堂和家庭文化在学生的学习体验中至关重要。伊恩·威尔金森和理查德·安德森在最后一章总结了这里揭示的关于学生学习的重要观点,并给出了对教学的启示。

参与纳托尔的研究的教师获得了宝贵的经验:

我继续关注的是,在孩子们真正掌握和理解同一个概念之前,你需要重新审视多少次。(Rathgen, 2006, p. 586)

当我发现班级中孩子们之间发生了事情,而我却不知道发生了什么时,我真的很难过……他们在用我听不见的声音交谈。(Rathgen, 2006, p. 585)

关心学生和学习的老师会被书中学生的声音所吸引,这些声音揭示了学生在课堂环境中的学习。《学习者的隐秘生活:让课堂学习看得见》是格雷厄姆·纳托尔送给世界各地老师的慷慨礼物。

格雷塔·莫林-德希默
弗吉尼亚大学名誉教授
《教学与教师教育》的前编辑(1998—2002)
gm4p@virginia.edu

引　言

在过去的二十多年里,我给教师、校长、学校顾问和其他教育组织做过多次报告。然而,似乎没有哪种方式比给繁忙的专业人士做报告更简便了。无论讲座多么有趣,多么发人深省,但现实情况是,报告只能面向一小部分人,随着日常生活的压力重新影响到他们,报告的内容很快就会被遗忘。因此,我建议将这些报告中比较成功的内容收集在一本书中,使其影响力更持久、更广泛。这是写这本书的初衷。

然而,作为报告,其间有幻灯片、不时穿插的评论和手势,如果换成文字,其效果并不一定很好。因此,将这些报告内容变成文字的过程涉及对原来的想法进行大量修改和反思。有时,经过反思,原来的例子和类比似乎不够充分,甚至可能产生误导。有时,我记得我偏离了讲稿,试图回应听众的具体担忧或问题,但我已经忘记我实际上说了什么了。结果是,最初的报告是这本书的起点,但它现在包含的是基于报告的研究和观点而进一步总结与反思的结果。我希望现在的专著比最初的报告要好得多。

关于这本书,读者应该注意三个问题。首先,这不是一本关于如何教学的书。现在已经有很多书给教师提供了如何管理课堂和教授特定主题的建议与模式。教师可以在数学、科学和社会科学的教学中使用资源与材料包。一般来说,教师总是可以用新颖的想法以不同的方式来激励和刺激学生学习,最好是采用那些已经被教师证明有效的方法。

然而,关于教学的观点和模式存在一个潜在的问题。在大多数情况下,它们都有做什么和如何做的说明,却没有对为什么它能发挥作用的解释。没有解释用以构建方法或资源的基本学习原则。其结果是,教师不断被鼓励尝试新的观点或方法,却不了解它们如何影响学生的学习。这就像被告知如何驾驶一辆汽车,却不知道汽车及发动机如何工作。在发生紧急情况之前,这是可接受的。但是如果发动机发出异响,汽车无法启动,或者驾驶条件变得危险,当发生这些紧急情况时,作为一名司机,你需要紧急应对,但是你知道怎么做吗?

在课堂上也是如此。在同事的课堂上有效的技巧或资源,在你的课堂上却不起作用。你需要做一些改变,但是改变哪些内容呢?除非你详细了解技术或资源如何影响学生的学习,否则你的改变只能是试错。

我对不同教学方法的研究深存疑虑(我会在本书后面的章节解释原因)。我担心的是,要求教师遵循教学方法开展教学。教育部门根据研究告诉教师应该做什么,而不管学生的特殊需求或他们的教学情境。

根据我的经验,教学要有敏锐的觉察力并能随机应变。教学要适应学生的特殊情况。教学要随着课程或活动的开展,随时做出调整。教学要面对某些学生兴趣盎然而另外一些学生感到索然无趣。教学要面对前一天有效的方法在第二天可能就不起作用。教学要面对一组学生可以快速地完成任务,而另一组还在非常缓慢地进行。教学要面对一个学生觉得容易理解的知识点可能会让另一个学生感到困惑。为了应对教学环境的复杂性,教师不能墨守成规,只按照规定行事。作为一名教师,需要具备随机应变的能力,而且必须这么做。重要的是:你做了哪些调整？你可以通过盲目的尝试和试错不断地做出调整,但如果你知道做哪些调整,以及为什么这么做,那就事半功倍了。

为此,教师需要了解不同的学生如何体验课堂,以及他们的体验如何影响大脑中正在发生的变化。正是这种对学习过程的深层次理解,使教师能够了解如何与特定的学生群体或班级合作,并懂得如何持续监控任何特定教学或学习活动方法的效果。教师要能预测一种新的教学技术在她或他的课堂上将如何发挥作用,以及究竟需要哪些信息来确定它是否起作用。

正是出于这个原因,这本书不是一本关于如何教学的书。这本书重点关注的是学生如何体验课堂学习活动,以及他们如何从体验中学习。换句话说,这是一本关注普通教室里的学习发生过程的书。这是一本关注为什么有些学生能从活动中学到知识,而其他学生却不能从相同的活动中学到知识的书。这是一本关于教师如何影响学生的体验并影响他们的学习机会的书。准确地说,这是一本理解学习的书。

这并不意味着我不会对有效教学提出建议。理解学习对有效教学有很多启示。例如,我们在研究中清楚地看到,学生从同伴身上学到了很多东西。他们的动机和兴趣、注意力和参与度都可能受到他们与同伴的持续关系的强烈影响。当然,这意味着教师要了解同伴影响是如何发挥作用的,除非他们考虑到课堂上的同伴关系,否则这些影响就无法发挥作用。对于这个问题没有简单的或万无一失的解决方案,但已经有了许多解决方案。我会考虑这些解决方案。

　　读者应该注意的第二件事是，这本书是基于对教学和学生学习的研究撰写而成的。书中关于教学的几乎所有内容都是基于我参与的研究，或者基于我认识或信任的同仁的研究。事实上，并非所有关于课堂教学的研究都是可信赖的好研究。在教学研究中，还缺乏这种传统，即研究人员在彼此研究成果的基础上，逐渐积累一系列关于管理课堂教学的成熟且具有可操作性的知识和理解。很多研究都是由专业研究人员或大量参与教学和专业活动的人进行的。在世界各地，很少有教育研究机构的研究人员可以全职研究特定的问题。这意味着，尽管有许多已发表的教育研究报告，但你要慎重地选择出那些对课堂教学和学习而言值得信赖的报告。

　　在这本书中，我使用了大量我参与的研究素材。正如我将在本书后面的章节中解释的那样，这是一次亲身体验。我全面参与了这些研究，从与校长和教师的初步讨论，到对学生个体体验的记录和观察以及我对学生访谈的最终细节分析。这意味着，我撰写这本书的依据不仅是这些研究的结果（它们已经发表在研究期刊上），还包括获得这些结果的体验。在教室里，与老师和学生交谈，密切观察正在发生的事情，方方面面都是研究的内容。

　　对于那些认为我过度依赖自己的研究的批评人士，我想说明的是，世界各地很少有人进行过与我们相同的以学生为中心的详细研究。在教育研究领域，通过学生个体的课堂体验来审视教学是独一无二的。在其他人持相同观点的地方，我引用并使用了他们的研究成果。

那么，撰写这本书所基于的研究有多大的可靠性或可信度呢？对于这个问题我想说的是，我们已经尝试以最优的方式进行研究。我们确保每个发现至少出现了三次或更多次，然后才确认它是可靠的。但最终而言，专业教师最有发言权。如果从这项研究中得出的启示和理解被证明是有用的，可以让你真正了解教室里正在发生的事情，并为你创设和选择更有效的教学活动提供坚实的基础，那么这项研究是值得信赖的。这就是我们研究的目的所在。

读者需要注意的第三件事是，本书没有强调种族或文化差异在学习过程中的作用。毫无疑问，不同种族和不同文化背景的学生在受教育程度上存在显著差异，这是一个非常严重的问题，尤其是对于一名教师来说，其班级中大多数学生来自不同的种族或文化背景。但没有证据表明，这些学业成就上的差异源自不同种族或不同文化群体的成员在学习方式上的差异。也没有证据表明，在相同的经历下，非裔美国学生、波利尼西亚学生、毛利学生、太平洋岛屿学生或亚洲学生会以不同的方式学习。正如本书中讨论的证据所示，这些学生的成就差异源自他们的体验（见第六章）。例如，在第四章同伴对学习体验的影响中，讨论了课堂上的种族主义以及学生与不同种族或不同文化背景的学生互动的方式。这不是一个不同寻常的立场。许多关于亚洲学生在数学和国际科学测试中如何比美国学生表现得更好的研究都基于这样一个前提，即造成学业成就差异的是教学差异，而不是不可改变的基因遗传差异。在我们有更好的证据之前，明智的做法是将问题定位于教学和教学文化，而不是学生的天赋。

本书内容

第一章论述了课堂教学和学习的基本观点。本章探讨了教师现场教学是否比计算机更好,获奖教师是否比未获奖教师更好,我们所说的有效教学是什么,其目的在于澄清一些关于教学的常见误解,并引出一些将在后面的章节中更详细讨论的问题。

第二章聚焦对学生学习的评价。在这一章中,我澄清了一些测试使用的误区,并仔细观察了学生实际上是如何回答测试问题的。当我们谈论学生改变他们知道、相信和能做的什么时,这有助于明确我们所说的知识和技能是什么意思。

第三章介绍了学生学习的本质。在本章中我展示了一些研究,这些研究让我们能够洞察学习的过程,是我们准确预测学生从课堂体验中获得哪些知识或技能的基础。这些研究聚焦学生在管理和理解课堂活动时的思维过程。

第四章拓宽了课堂学习的视角。本章着眼于学生的学习体验是如何由他们与同伴的关系以及课堂上的同伴文化塑造的。它关注学生从同伴而不是老师那里学到了多少东西。这引出了对能力在学习中扮演什么角色的讨论。我们的研究表明,我们需要重新思考一个普遍认同的观点,即能力高的学生与能力低的学生学习能力不同,能力高的学生比能力低的学生学习得更快或更高效。

　　第五章进一步介绍学习过程。本章关注学生混乱的课堂体验,以及大脑如何理解他们所体验到的众多凌乱且让人困惑的信息的本质。我举了一个例子,详细介绍了一个学生学会或没学会一个单一但困难概念的学习方式。该案例旨在说明学生的工作记忆参与学习过程的方式。它引出了关于如何发展学生思维能力以提高学生学习能力的建议。

　　第六章探讨了种族特点在学生学习中的作用。我的观点是,教学和学生的学习体验对他们的学业成就的影响比他们的种族特点要大得多。

　　伊恩·威尔金森和理查德·安德森撰写了第七章,总结了前六章探讨的关于学习的重要观点,并提出了对教学的启示。

第一章　对于有效教学我们了解多少？

要成为一名有效的教师,需具有鞠躬尽瘁的奉献精神——肩负儿童和年轻人未来幸福生活的使命;重视培养民主国家公民独立自主且有效思考的能力;致力于推动社会发展进步。这种奉献需要对学习和教学以及学校如何促进学生的福祉和发展有一套深思熟虑的信念。

本章主要介绍了课堂教学和学习中一些常见的观点。在过去的几年里,许多关于教学的研究支持了其中某些观点,也有相互矛盾的观点。例如,很多人认为,如果坐在教室后面仔细观察,我们就能知道老师的效能。我们能感觉到老师的效能。它是一种氛围。这与学生的反应方式和老师对他们的反应方式有关。有些人从学生对学习的重视程度上看到了这一点。我们称之为"任务时间"。也有些人从师生关系的质量上看到了这一点。显然,老师喜欢学生,而学生喜欢并信任他们的老师。

以这种方式评价教学由来已久。早在20世纪20年代,一些研究人员通过制定(学校校长、管理人员)观察清单,使这种评价教师的方法变得繁冗复杂。但研究表明,通过观察来判断教学质量的做法很大程度上是本末倒置的。了解一位教师在提升学生学习方面是否有效需要通过其他方式。那么,为什么我们仍然相信通过观察就能分辨出来什么样的教学是好的教学呢?这是我在本章考虑的问题之一。另一个(也是相关的)问题是我们对有效教学和学生学习真正知道些什么?

在讨论这些问题时,我想向大家介绍一些研究,这些研究会在后续章节中更详细地阐述。这将是一次彻底的讨论。我希望这次讨论不仅能清楚地说明我们对教与学的看法,而且在不涉及正式定义的情况下,也能说明我对教与学的理解。本章将讨论以下问题。

第一,教师与计算机、电视或好书有何不同?这是一个值得深思的问题,因为它提出了一个关键问题,即教学是不是一种明显的人类行为。电子机器能代替教师吗?

第二,为什么不能通过观察课堂来判断老师是不是一位好老师?这个问题触及教学的核心。这是一个看得见的标准,还是一个在老师和学生的头脑中一直存在,却看不见摸不着的标准?

第三,为什么没有普遍意义上的好老师或坏老师?这是一个关于教师的有效性是否取决于课堂、教学材料或教学环境的问题。

第四,为什么公开衡量学生成绩不能改进教学?许多人认为,为了让教师更有效,我们需要使用成绩表或其他衡量标准公布学生的成绩。那么,为什么正式的成绩测试对教师来说几乎没用?

第五,为什么教师不能因为使用最好的教学方法而变得更有效?在考虑这个问题时,我首先研究了什么是教学的"方法"。把教学描述为使用不同的方法有意义吗?

最后,我将探讨基于学习风格的教学效果。关注学生学习风格是教育领域最新的一个发展,关于如何理解和利用学生学习风格的书籍很多。这一发展听起来像是理解学生学习(如多元智能和人格类型)的一个重要的新发展,但它是吗?

如果我们想了解课堂上的教学和学习,这些都是需要考虑的重要问题。我们会更详细地逐一分析。

教师与计算机、电视或好书有何不同?

对于使用计算机或其他电子设备作为更有效地教授学生的方法,现在有很多争论。这很像过去关于广播和电视的使用,以及在此之前关于书籍等优秀印刷材料的教学效果的讨论。普及教育是为了教授阅读,这样每个人都能接触到好书。

为什么我认为计算机在可预见的未来不会取代教师呢?因为教学的核心是改变学生的思想,改变学生所知道和相信的东西以及他们的思维方式。创造变化的能力意味着,在某种程度上,教师需要不断地了解学生的想法。他们的注意力集中吗?他们理解或不理解哪些内容?他们到底是怎么想的?

我们不知道别人在想什么。但我们必须尽我们所能地推断别人在想什么。例如，当我们说话时，我们通过间接的迹象来判断听者如何理解我们所说的内容。我们观察听众的面部表情，寻找注意力、分心走神、困惑或同意的迹象。教师需要更加敏感，因为他们要判断一个班级的学生的面部表情和行为中可见的迹象。

据我所知，只有经验丰富的人才有这种意识。有充分的理由相信，这种敏感性对有效教学至关重要。库宁（Kounin，1970）将其描述为"敏锐力"。你可能知道，有效教学的最大对手之一是学生产生的误解。对于一个知识点，无论你如何描述，如何充分地说明和解释，学生总会用一些你没见过的方法来误解你所说的话。在科学、数学和社会科学教学中的大量研究揭示了学生会有各种不同的方式来理解显而易见的观点和规则。许多人认为，教学的真正任务是改变所有学生已经确立但不准确的观点。

因此，这其中隐含的问题是：教师应该对什么敏感？在一项关于教师思维的早期研究中，菲利普·杰克逊（Philip Jackson，1968）发现，经验丰富的教师对学生的兴趣、参与程度和动机具有高度的敏感性。经验丰富的教师可以从课堂气氛、学生的眼神、问题和答案、参与活动的方式等来判断学生的思维参与程度。

有效的教师通过这些迹象来判断他们的教学有多有效。他们利用这些迹象来判断自己是否需要对正在做的事情做出改变，加快还是放慢速度，提高或降低挑战。这种方法是基于常识和广泛认可的理论的，即学习是大脑积极参与的自然结果：如果学生高度参与学习活动，他们就是在学习。

然而,研究表明,学生擅长玩双赢游戏。他们擅长洞察老师在寻找什么样的迹象,并确保老师看到这些迹象。我看到过一个男孩盯着他的书,但什么也没读,当老师走过时,他开始大声低语,好像他在努力理解自己正在读的内容。但当老师走过后,他停止了自言自语,开始漫无目的地看向窗外。我们的研究表明,学生可能把大量的时间用在他们已经知道的材料上。在我们所研究的大多数教室里,每个学生都已经掌握了老师所要教授的40%到50%的内容。

而问题在于,教师可能对学生的行为和感受变得非常敏感,但他们的重点必然是管理学生的行为和动机。改变学生的想法与观点不仅仅需要参与和激励,对学生的学习具有敏感性需要更多的东西。我将在后面的章节中进一步探讨这一点。同时,可以断言,计算机无法以良好教学所需的敏感性与学生进行互动。当然,计算机可以传递信息、编辑语法和拼写、进行计算、在分子或星系的极端层次上以学生无法获得的方式制作可见材料。所有这些都为教学提供了原材料,但其本身并不构成有效的教学。

为什么不能通过听课来区辨出一位好教师?

在上个问题的最后一部分,我回答了这个问题。一个繁忙、活跃的课堂看上去是一个有效的课堂,在这样的课堂中所有的学生都热情高涨,并投入到需要他们思考和解决问题的项目或活动中。能够创建和管理此类课堂的教师被认为是好教师。许多用于评价教师的质量保证体系是基于这样一种信念:我们可以通过观察教学是否有效以及学生是否在学习来判断。

但研究表明,这种方法存在严重问题。首先,这种策略往往受到当前教学潮流的强烈影响。如果我们都认为教师应该让学生在课堂上分组学习,那么我们会给那些使用小组教学的教师很高的评价。如果我们都认为学生应该用大部分的时间发言,而老师应该相对少说,我们就会对发生这种情况的教室印象深刻。所有这些都是认为"方法"重要的流行趋势的一部分。然而,正如我在后面指出的,在思考有效教学时,"方法"是一个危险的想法。

其次,在同一个班级里,每一天、每一堂课和每一时刻让学生最有收获的教学方式各不相同。不同的学生可以从同一课堂活动中学到完全不同的东西。重要的是使这种教学与特定学生的具体需求和环境相匹配。学生们的状态怎么样?我应该回顾一下上一节课讲的内容吗?他们认为上节课的内容有多难?我能给他们多大的激励?他们需要改变吗?我应该再给他们举个例子吗?上一位老师做了什么事让他们有这种情绪?等等。

我们看到的一位老师在一节课上做的事情,可能与我们看到的同一位老师在另一节课上或在另一天里做的事情大不相同。直接观察给我们的启示是,我们不应该将教学评价建立在某种普遍的模式或一套良好教学模式的基础上。我们不能通过观察来判断教师有多有效。

我并不是说教学中什么都可以。识别课堂上真正糟糕的情况以及知道学生什么时候没有学到东西并不困难。但我们在课堂上看到的只是教学场景,在这种情景下,胜任专业的教师其效能发挥得或大或小。

为什么没有关于好老师或坏老师的通用标准?

人们普遍认为有好老师也有坏老师。有些人相信好老师是天生的,而不是后天培养出来的。好老师具有吸引学生并对其做出回应的个性魅力。对他们来说,教书似乎是自然而然的事。而坏老师是不能掌控课堂的教师。他们不能让学生参与到课堂学习中来,给人的感觉是他们不想当老师。他们不喜欢学生,也不喜欢正在做的事情。很明显,他们班上的学生什么也学不到。

虽然显而易见,但同一位老师,在不同的环境下,与不同的学生一起工作,可能会表现得截然不同。而我们要问的是:是教师的个性和教学方式,还是特定的学生班级或主题,抑或是学校环境决定了教师有多有效?

现在已经有很多关于教师个性的研究。广泛使用的个性测试已被改编用于教师,并开发了专门的个性测试,重点关注教师如何与儿童互动。然而,虽然进行了大量研究,但没有一致的证据表明教师的个性与教师教学的有效性有关。尽管有一项研究表明教师的个性是很重要的一个方面，但另一项研究却给出了完全不同的结果。凭直觉而言，我们知道教师的个性非常重要。然而，问题在于如何定义我们所说的个性。

大多数对个性进行明确定义的尝试最终都会说，个性与一个人如何与他人互动或对他人做出反应有关，有时还与一个人如何应对他人创设的情境有关。我们用亲切、耐心、开放、友好、进取、敏感、体贴、内向等词语描述个性。同样地，我们试图精确地描述教师的个性，那就是教师如何与学生互动以及如何回应学生。

显而易见，了解有效教学的最佳方法之一是研究有效教师的工作。在过去的50年中，已经有过几项此类研究。其中一项重要研究是由总部位于巴黎的经济合作与发展组织进行的。10个国家都进行了各自的研究，之后经济合作与发展组织的工作人员整理了研究结果，得出了发达国家学校有效教学的总体情况。

例如，在美国，研究人员挑选了七所学校的教师进行深入研究，其依据是学生出勤率高、考试成绩不断提高以及"在社区中的良好声誉"（OECD, 1994, p33）。在新西兰，根据一所教育学院全体教师的推荐，研究人员挑选了五名教师作为样本进行研究。教师参与了学校教学实践，并在各种教室里进行听课体验。在每一个国家，研究人员都对教师进行了广泛的访谈，并在教室里对他们进行了大约20个小时的观察。

霍普金斯和斯特恩（Hopkins 和 Stern, 1996）对每个国家的案例研究结果进行了综合分析，并确定了这10个国家优秀教师的最重要的六个特征。简而言之，它们是：

1. 满怀热情，致力于为学生尽最大的努力
2. 建立在温馨关爱基础之上的对学生的爱
3. 拥有学科教学知识（例如，知道如何识别、呈现和解释关键概念）
4. 使用多种教学模式
5. 与其他教师合作，计划、观察和讨论彼此的工作
6. 不断质疑、反思和改进自己的实践

从这个列表中不难看出不同国家的研究人员对教学的看法。但这份清单是否描述了有效教师的工作呢？想想这些研究涉及什么内容吧。首先，需要确定"最佳"教师的标准。在美国，研究人员使用了不断提高的考试分数以及出勤率和社区声誉的衡量标准。在新西兰的研究中，研究人员根据声誉来定义。在确定了"最佳"教师之后，研究人员必须决定如何描述教师的教学。他们本可以要求教师描述自己的教学，但教师不擅长准确地汇报他们所做的事情（例如 Good 和 Brophy，2002）。他们本可以观察并记录老师在教室里做的事情，但他们怎么知道自己在捕捉老师的最佳实践呢？也许老师们是在一个几乎难以管理、旷课率很高的班级上课。或者，他们正在给一群行为优雅、渴望学习的中上游学生上课。

研究人员在这两种情况下观察到的情况会截然不同，他们无法确定所观察到的哪些内容是有效性的重要指标。简而言之，除非研究人员在开始之前就知道好的教学是什么样子，否则他们不知道该寻找什么或如何解释他们所看到的内容。

对"最佳"教师的这些研究结果通常是目前专家认为最好的结果。当时的潮流决定了研究人员寻找什么和看到什么。

为什么公开的学业评价不能提升教学水平?

有效教学研究的另一个重点内容是用于评价学生学习的复杂方法。这种观点认为,如果老师准确地知道每个学生在学习什么内容,他们就有一个更好的基础来反思自己的实践并由此提高教学质量。众所周知,这种观点很受政府官员欢迎,这就是为什么持续推动增加国家和国际测试的数量,目的是让教师负起责任,通过教师和学校之间的自然竞争,促进教学质量的提高。

不幸的是,教师仅凭直觉就知道,用于评价教师和学校的测试本身就存在一些问题。而且,除了一些例外情况,它们对提高教学质量毫无帮助。

首当其冲的问题是,我们已经接受了这样一个神话,即我们可以用数字来描述学习。在每个学生的名字旁边,我们记录了几组数字:学生A答对了35,学生B答对了27,学生C答对了42。有时数字是正确回答问题的数量,有时是百分位数,有时是分数。但这些数字对教学或学习意味着什么呢?

对比记录数字和记录信息,儿童A知道围绕太阳旋转的行星的名称,了解它们的相对大小,但发现很难理解它们之间的距离,以及为什么用火箭把人送到任何一个外行星如此困难。她喜欢阅读和观看行星的图片,知道如何找到并使用 NASA 的网站。或者考虑这样一种说法,即儿童 B 了解世界不同地区房屋的形状、可用于建造房屋的资源、气候以及居民使用房屋的方式之间的关系。当面对一张他从未见过的房子的照片时,这名儿童可以对房子来自世界的哪个地区、居住人的生活方式等作出有依据的猜测。这些关于学生知识的描述是教师可以使用的。它们能让教师识别学生知识中的不足或误解,确定学生下一步需要学习什么内容,并评估他或她现场教学的有效性。

然而,如果我们认为学习就是用大小和意义都相同的可互换的知识点填充儿童的大脑——就像袋子里的豆子——那么这些数字就有一定的意义。儿童 C 的大脑里有比儿童 A 和儿童 B 更多的知识点。但没有人相信学习就是这样。这种方法就像 19 世纪的一种简单的学习模式,当课程几乎完全是学习读写单词,以及能够回忆算术事实和规则时,这种模式就起作用了。谈论一个孩子能正确拼写的单词的数量,或者一个孩子能背诵的算术事实的数量是有意义的。不幸的是,许多教育评价仍然基于这种过时的模式。

百分位分数和年级分数更能说明学生的知识或能力。它们基于学生之间的比较。例如,45 分的百分位分数告诉我们,该学生比他或她的年龄组的约 45% 的同学做得更好,比他或她的年龄组的约 55% 的同学做得更差。但和其他类型的考试分数一样,百分位分数并没有说明学生知道或能做什么。

这里令人担忧的是,学校记录簿中的数字非常适合满足政治和官僚需求(Berliner 和 Biddle, 1995)。因为这些数字可以相加并取平均值,它们似乎能表明哪些学生最好、哪些学校最好。然而，它们没有告诉我们这些学生最擅长什么。它们没有说学生学到了什么知识或理解了什么内容（Nichols 和 Berliner，2005）。你可能会问，这有关系吗？我将在第二章回答这个问题。

关于评价的神话还有很多要说的。在下一章中，我将更详细地讨论这些问题。这里可以说，目前大多数评价方式都不能满足教师或学生的需求，与有效教学几乎没有关系。

为什么教师不能通过使用最好的教学方法而变得更富成效？

在中小学教室里，教师和学生在在校期间参与一系列的文化活动。在某些情况下，学生坐在座位上或地板上的垫子上，老师会与全班或小组进行对话。在小组活动中，学生按照指示进行探索，比较和讨论结果，准备小组报告或手工制品。还有一些个人活动——有时作为家庭作业进行——让学生完成书面练习，参与写作任务，展示他们的作品，参加艺术项目。这些不同类型活动的性质因可用资源（例如，计算机、参考书）的类型而异。

每一种活动都有一种可接受的形式。例如，教师主导的全班（或小组）讨论涉及一种复杂的师生交流模式，自我们开始在教室里录音以来，这种模式基本保持不变。下面是一个典型的课堂讨论的例子。在这里，全班同学正在讨论一首诗中的一句话:"女人的手指伤痕累累,她疲惫不堪,眼皮下垂,眼睛红肿,衣着褴褛,难避严寒,瘫坐在地上,还在不停地穿针引线,缝缝补补。"

老师:有人能告诉我这可能是历史上的什么时期吗?苏西?

苏西:法国大革命。他们是穷人。

老师:回答得很好。你能否给我一个更为准确的判断,彼得?

彼得:大概是中世纪吧?

老师:可能是。莱恩?

莱恩:我想这可能是贝叶挂毯那个时代。做挂毯之类的。

老师:对。到目前为止,我们已经得到了一个非常好的答案,已经很接近真实的时代了……

像所有这样的讨论一样,这次讨论是由老师提问发起的。一个学生回答了,老师在进一步提问前对学生的答案进行点评,然后再提问。又一个学生回答了,在再次邀请学生回答之前老师简短地评论:"可能是。"最后,老师对学生的答案进行一般性的点评,以指导学生讨论的具体方向。这种互动模式的核心是问题—答案—评论顺序。在课堂上,通常这种模式在教师或其他资源提供的信息的情境下(本例中引用了一首诗)会有多种变化,并不断重复(更多学生的答案,不同类型的评论)。

这个例子的有趣之处在于,它来自1959年在一个六年级教室里录制的一段录音。毫无疑问,它在1959年是典型的教学类型。更难以置信的是,这种教学也是当今典型的课堂教学类型。

我们针对教学方法谈了很多,尤其是在阅读等领域。倡导"全语言"

方法与主张技能导向的人之间一直存在激烈的争论，前者强调使用意义和评价，后者强调分析技能和学习字音对应关系（参见 Dahl 和 Freppon，1995；Pressley，1994；Stahl，McKenna 和 Panucco，1994）。每个学科领域都经历过新的教学方法被引入，而旧的教学方法被轻视的时期。

"方法"一词是谈论教学和教师所做事情的一个方便的缩写。但当人们开始将教学方法等同于医疗或农业肥料时，这是一种危险的误导。这就引出了一个概念：我们可以用同样的方式来比较教学方法，就像我们可以比较不同药物或化学品的效果一样。这也导致了最近流行的要求，即教学研究应该使用医学研究中使用的那种随机试验开展研究。

在现实课堂中，教无定法。每一位老师都会调整所谓的方法。研究表明，认为自己在使用不同方法的教师可能在做本质上相同的事情，而认为自己在使用相同方法的教师可能在做完全不同的事情。

几年前，我和已故的奈达·比尔兹利（Nada Beardsley）一起参与了一项关于阅读教学方法的研究。我们在教室里观察，并让老师每周记下他们和孩子一起做的事情。我花了大量时间研究这些数据，试图找出教学中的模式，以便我能够忽略老师认为他们在使用什么方法，而发现他们实际在使用的方法。

对这些数据进行的大量分析没有揭示出在教师的活动中能够始终区分不同教师的任何模式。他们都在组合使用自己的活动和材料，并不断调整以适应他们对学生需求的理解，学生需求包括个人和集体两个层面。分析结果令人沮丧，该研究从未发表过，但这项工作让我明白，方法只能大致地描述课堂的现实情况。

当然，以人们谈论养育方法或咨询方法的方式来谈论教学方法总是很方便的。但是认为名称一样的活动就是相同的活动造成了很多误解。药名不会因为给不同的人服用而改变，但当由不同的老师和不同的学生使用教学方法时，同一种教学方法也会改变。不幸的是，对数学或科学等的新教学方法进行试验的研究人员很少检查他们的方法在实验课堂或用于对比的"传统"课堂中的使用情况。因此，他们永远不知道是什么因素促成了他们在评价测试中得到的结果。

当然，辩论会继续下去。人们会写更多关于新教学方法的书，阅读这些书的老师会找到有用的观点，以新颖的方式适应他们目前的工作。

为什么学习风格与学习毫不相关？

最近，人们对学习风格产生了浓厚的兴趣。不仅教师，家长和企业也开始讨论考虑学习风格的必要性。据说男孩和女孩有不同的学习风格，少数族裔学生的学习风格与大多数学生不同。

学习风格评价现在是一个大行业，有许多不同的方式来描述学习风格，正如卡西迪（Cassidy, 2004）对32种不同的学习风格测试进行的综述所显示的那样，每种测试都有自己的理论和依据。也许最常见的区别在视觉学习者、语言学习者和动觉学习者之间。那些在看到部分之前看到整体的人和那些更喜欢先从部分开始学习的人之间有明显区别；或者喜欢在安静的环境中独自学习的人和喜欢在有背景音乐的社会环境中学习的人之间有显著的区别。

关于学习风格的概念还有很多困惑之处。有些评论家声称我们都有自己的学习风格；还有的说我们都属于两到三种不同的学习风格。有些评论家认为，对于每种学习方式，教师应该有不同的教学方法；另一些评论家则认为，如果强迫学生通过各种学习风格学习，那么他们会学得最好。

然而，有一件事非常清楚。到目前为止，还没有有效的研究证据表明，根据学生的学习风格调整课堂教学对他们的学习能产生什么影响。那么，为什么学习风格的说法被如此广泛地接受呢？原因之一是文化。我们生活在一种强调个人自由的文化中，在这种文化中选择权被视为一项基本权利。每个人都有本质上的不同，都有权被视为不同的人，这种观点非常符合我们的现代文化。因此，学校应该像超市一样，顾客可以在走道上闲逛，选择他们喜欢的任何教学方法。

我认为用食物做一个类比有助于理解这个问题。我们都有不同的食物偏好，现在比上一代人更加如此，当时可获得的食物种类非常有限。我们都有不同的食物偏好这一事实并不意味着我们消化和代谢食物的过程是不同的。我们能从不同的食物中获得维生素 C，但所有成年人每天都需要 45 微克来保持健康。

同样，学生可能对不同类型的课堂活动或主题有偏好，但大脑获取新知识和技能的内在学习过程对所有儿童来说是基本相同的。让所有的孩子在正式的教室里安静地坐着学习，就像让所有的孩子通过吃西兰花来摄入足够的铁一样困难。

换句话说,学习风格与动机和管理有关,与学习无关。这个区别很重要。对学习风格的普遍关注证明了关于教与学的一个常见困惑。有一种强烈的倾向是把动机和学习等同起来。课堂上发生的很多事情都是基于这样一种观点:如果学生对某项活动感兴趣并参与其中,他们就会从中学习。专注和投入等同于学习。然而,学生可以有很高的积极性,积极参与有趣的课堂活动,但不学习任何新东西。学习需要动机,但动机不一定会导致学习发生。

我们如何判断教学何时有效?

到目前为止,在这一章中,我还没有谈到过什么是有效教学。关于有效教学有许多不同的定义,也有许多不同的类比被用来描述它,但在我看来,只要你从最广泛的角度来看待学习,它们都是指学生学习。一般来说,有效教学意味着学生学习你想让他们学习的东西(或你想让他们学习的部分内容)。你希望他们获得新的知识和观点,新的技能或不同的态度,或者所有的这些中的一些。但不管你怎么想,为了知道是否有效,你必须有某种方式知道学生在你教他们之前相信、知道、能做或感觉到什么,以及在你教他们之后你的学生相信、知道、能做或感觉到什么。学习,不管是什么内容,都是关于改变的,除非你知道学生的思想、技能和态度发生了什么变化，否则你就无法真正知道自己的教学到底有多有效。

这就是使问题变得复杂的地方。研究发现，平均而言，学生已经知晓教师希望学生通过课程单元或主题学习的内容的50%左右。但这50%并不是均匀分布的。不同的学生会知道不同的内容，所有学生只知道老师希望他们知道的15%左右。所以，在任何时候，一名教师都可能面临这样一个班级，其中大约20%的学生已经懂得老师要教授的内容，大约50%的学生知道一点儿老师要教授的内容，大约20%的学生对这个内容几乎一无所知。这位老师，以及其他任何老师，怎么才能有效地教他或她的所有学生，而不让最好的学生感到无聊，或彻底失去最差的学生呢？

有效教学的标准或特征

我会根据在中小学课堂上的研究以及其他人的研究，阐述有效教学的一些要素。这些研究主要是在美国进行的。我想把它作为一套我们在思考有效教学时需要考虑的前提或基本原则。

第一个原则：学生在做中学。我花了很长时间才理解这个原则。如果你走进一间教室，看一看教室里所有的学生都在做什么，你会看到什么呢？也许你会看到学生坐在课桌前抄黑板上的笔记，这些笔记是老师希望他们背诵并在单元结束时的测试中会重现的内容。他们在这里学到的就是你看到他们在做的:记笔记,毫无怨言地应付无聊的课堂,然后记住他们只能部分理解的标题和细节。鉴于学生在死记硬背和考试后忘记了笔记的大部分内容,他们每天在课堂上所做的就是他们所学并擅长的内容。

如果他们通过强迫别人把笔记借给自己来让生活更有趣,或者如果他们尝试新的方式来吸引和转移邻桌的注意力,这也是他们正在学习的东西。我们倾向于将课堂行为的管理与我们所教的课程内容分开。但在学生们的头脑中,这些并没有分开。

这个例子可能有些夸张,在今天的课堂上并不常见,但它应该有助于说明这一点。当我们设计学习活动时,我们需要记住,在参与的活动中遇到课程内容时,学生会不可避免地将两者联系在一起。我们凭直觉可知,学生会将内容与他们的兴趣和愉悦联系起来,但我们往往会忘记所涉及的具体活动,比如写他们已经知道的东西,等待设备打开,争夺资源,让邻桌同学告诉他们答案,转移老师的注意力,等等。

第二个原则:社交关系决定学习。牢记这一点非常重要,学生在课堂上所做的很多事情都是由他们的社交关系决定的。尤其是在高中,与和老师的交往相比,他们与朋友和对手的关系更加持久、更加深入。即使在教师的领地,也就是教室里,学生的主要社交对象也是他或她的同伴。同伴文化让人相信,按照老师的要求做事有辱人格。当同伴文化与教师的管理发生冲突时,获胜的一方每次都是同伴文化。正如我之前所说,同伴文化中的交流比学校和/或课堂文化中的交流更多。

尽管看起来困难且不同寻常，但长期有效的教学需要与同伴文化合作。因此，教师需要知道谁和谁是朋友，谁喜欢谁，谁有地位，谁被排挤。他们还需要了解将学生关系维系在一起的关于音乐、服装、课程、学习、合作等的信仰和文化。由于学生对课程的大部分学习都是从同伴那里学习或者相互学习的，与同伴文化合作是我们管理他们大部分学习的唯一方法。一些教师试图通过在课堂上创造另一种文化来解决这个问题——一种相互尊重与合作的文化，一种每个人都希望在课堂活动的某些重要方面取得成功的文化。

第三个原则：有效的活动必须围绕重大问题进行设计。如果我们用心设计有效的学习活动，以达到让我们的学生持续专注于学习行为，并且我们希望在他们参与这些活动时监控他们学习和理解的内容，那么我们就必须花大量的时间和资源来设计与实施这些活动。投入时间和资源来设计有效的学习活动意味着课程覆盖范围要小。为了证明这一点，我们必须确保这些学习活动的结果不仅在官方课程中，而且在学生的生活和兴趣中都非常重要。

第四个原则：有效的活动由学生自己管理。与前三个原则一致的理想学习活动具有以下特点：

a. 它关注对学科、学生生活和文化有重要意义的重大问题或难点的解决。

b. 它让学生持续参与学科中适当类型的智力工作，这意味着重大问题必须分解为较小的关联问题，这些问题对于解决重大问题至关重要。

c. 它为教师提供机会,当学生参与解决较小的关联问题时,教师可以监督学生个体逐渐理解他们必须执行的内容和程序。

d. 它允许有经验的学生管理自己的学习。这是因为有效学习活动的一个平行目标是让学生将程序内化,使其成为自然思维方式的一部分。

在接下来的章节中,每一个原则都会再次出现,我将结合它们背后的研究,对它们进行更详细的阐述。

公认的疑难问题

如果我不承认有效教学所面临的巨大困难,就结束这一章是不合适的。正如我在本书后面所讨论的,我们目前所经历的教育体系并不是为了鼓励有效教学而建立的。在一个枯燥乏味的预期状态和学生们警惕自己不会被欺骗而产生兴趣的环境中,对大约 25 个不同个体的进步、兴趣和文化保持敏感,并创造能够吸引这些不同个体的兴趣和文化的新颖的、真正有价值的学习活动,这是非常困难的任务。它们不能单独进行,也离不开学校的热情支持和奖励。

第二章　评价的神话和误区

成绩评价已经成为教育中的一件大事。世界各国都参加了大规模的国际成就测试,以评价他们的学校。国家和州政府已经引入了学生成绩的强制性测试,要求收集测试分数,以评价地区、学校和教师。在许多国家,尤其是在美国,全州性考试已经成为教师和学生生活中的一个主要内容。政府官员不断谈论引入新形式的国家测试,以评价和激励学校取得更好的成绩。家长、媒体和政界人士已经开始相信,考试的持续管理能让教师负起责任。但是,尽管自公立学校存在以来,测试和考试就一直伴随着我们,尽管教育和心理学研究的分支聚焦理解和完善不同类型的测试与评价,但评价仍然是一个充满神话和误解的领域。

例如,想一想我们对学生高中毕业时获得的毕业资格证书的看法。毕业率经常用来比较学校的教学质量。同时,学生在找工作时会将毕业资格证书交给未来的雇主,或者他们会将毕业资格证书与大学入学申请一起寄出去。在这种情况下,雇主将毕业生的资格证书视为成就和能力的指标,通常也视为积极投入和努力学习的指标。如果毕业生交出自己的成绩并说,"听着,你不应该把这些成绩当回事。我有非常好的老师。我真的没有这样好"或者"我知道这些分数看起来很低。但这不是我的错。我上的是一所老师不好的差学校。如果我上的是更好的学校……"会发生什么?

事实上,我们无法决定毕业资格证书意味着什么。有时我们将其视为教学的结果(在评价学校时),有时则视为学生能力和努力学习的结果(与申请工作有关)。它们不可能两者兼而有之,那它们是什么呢?

据我所知,在公共领域还没有过认真解决这一矛盾的尝试。大多数人只是接受了关于毕业资格证书的两种说法,却没有注意到其中的矛盾。然而,许多教师对测试和考试的作用深表怀疑,我认为,他们持有的这种态度比他们自己所相信的更正确。在我看来,教育测量专家有许多误导大众的谬论,他们没有真正思考过考试对教师和教学的影响。

在这一章中,我将重点介绍如何使用测试和考试来评价学习,以为教师提供帮助。具体而言,我将重点介绍教师可以用来评价学生学习的形式,如果他们愿意,还可以评价自己的教学。然而,在这样做的过程中,我需要澄清一些关于测试的误解,尤其是大规模的成就测试。

在评价学习之前用学业测试评估学习动机

几年前,我参与了国际教育成就评价协会开展的第二次国际数学与科学成就研究(TIMSS 1999)中使用的数学测试。有一天下午,我们在当地的一所高中安排了一次数学测试,测试了几个十年级的班级。① 我监督考试的管理,遵循考试主管的书面指示,解释考试形式,并鼓励学生尽可能做好,尤其是在较难的题目上。

下午天气变得越来越闷热,当我观察学生时,我发现几乎没有学生真正关注问题。有些学生静静地阅读测试,从一个题目跳到另一个题目,但没有在答题纸上答题。其他人则在答题纸上随意涂画,还有几个学生头枕胳膊趴在桌子上。我突然想到,如果我是他们中的一员,我可能会成为一名涂鸦者。只要有机会,我总是忍不住画些小漫画。

当我们把不同班级的所有答题纸放在一起进行批阅,并查看考试不同部分的分数分布时,我们得到了常规的分布。有些学生几乎全对,有些学生几乎全错。从考试成绩来看,有理由相信考试是一个很好的衡量学生所知的标准。对信度和效度的标准统计检验(例如,与其他学校成

---

① 新西兰用"年"(Year)而不是"年级"(Grade)来区分年度教育水平。初等教育的第一年是一年级(Year 1)。孩子们5岁开始上学。中等教育涵盖9—13年级(Year 9至Year 13),其间学生的年龄一般为13至17岁。

绩的相关性)表明,该测试是测试数学知识的好方法。

后来,在我们的研究中,我们更加仔细地研究了学生如何回答测试问题。从我们的证据来看,学生在考试中的表现主要是动机的问题,这一点似乎越来越清楚。有些学生非常在意要答对所有的题目,而有些学生不管老师如何激励,他们都不在乎。有些学生准确地知道该怎么做才能得到正确的答案,而有些学生什么也不知道,只是盯着试卷发呆。

现在我确信,那些对学生几乎没有或根本没有个人意义的考试,不能衡量学生知道什么,或者他们能做什么。相反,考试反映了学生的动机和应试技巧。这种考虑适用于几乎所有的国际成就测试,可能也适用于许多基于州和课堂的测试。

学校和教师设计自用的测试和测验可能更有效,但这取决于如何将这些评价呈现给学生。对学生来说,参加测试不是一件简单的事。它需要个体能力发挥到极限并全身心地投入和运用所学技能来应对。对于那些不太关心学业成绩的学生来说,常规的测试永远无法衡量他们的知识或能力。只有当学生认可学校的价值并认识到在学校里取得好成绩对生活的重要性时,测试才成为衡量学生能力或成就的标准。有时,也会出于对老师的忠诚和爱戴,这是一种喜欢老师、为老师着想的特例。

然而,我们仍然需要谨慎对待测试结果。测试结果可能无法反映学生的真实水平或能力。反馈考试结果时,他们应该附上一份报告,对学生在考试中希望表现出色的动机和决心进行分析。我能找到的关于考试成绩和动机之间关系的唯一研究是关于动机如何影响求职者在智力和其他择业测试中的分数的研究。正如你所料,那些非常渴望得到一份工作的求职者,以及那些相信公司在作出选择时会考虑考试分数的求职者,会比那些没有积极性或不相信公司会认真看待分数的求职者获得更好的分数。我相信这同样适用于在校学生,尽管我不知道有哪项研究考察了动机或考试观点对考试成绩的影响。

为什么要用数字记录测试结果?

如果查看教师和学校保存的测验与测试结果记录,我们会看到许多数字和/或字母(取决于学校的评分制度)。这些数字和字母是什么意思呢?

显然,他们会告诉每个学生其在测试或考试中答对了多少题。数字越大,成就越高。一些学生的分数一直较高,而其他学生的分数则一直较低,这证实了我们的观点,既有优秀的或能力强的学生,也有差的或能力较弱的学生。但是这些数字告诉我们学生学习的内容了吗?没有。学生不是要学习数字或分数。他们(希望)学到了一些知识。但是是什么知识呢?这并没有记录在数字中。

那么,我们为什么要设计得出数字(或基于数字的百分位数或分数)的测试呢?正如我在前一章中指出的,答案在于对知识本质的陈旧过时的观念。这种观点认为,知识可以分解成小的知识点,比如知道如何拼写单个单词或会做单个算术题。这样就可以知道儿童正确拼写的单词数,或者儿童再现的数字数。如果所有的知识和能力都能以这种方式被分解,假设我们知道测试中的单词和数字,那么我们计算一个学生知道多少知识就有意义。

我们仍然相信以下观点。教师会针对她刚刚教授的科学或社会科学主题的内容,做一个由 15 个问题组成的小测验,或者做一个由 6 个问题组成的测试,要求学生使用新教授的数学步骤。教师批阅打分,并记录回答正确问题的数量。人们很容易认为,在考试中得分最高的学生比得分最低的学生知道得多。

如果两名学生在一项关于古埃及生活的社会科学测试中获得了 20 分中的 15 分,这是否意味着他们了解女性在古埃及社会中的角色?女孩们去上学吗?她们和男孩学习同样的东西吗?她们能和丈夫离婚吗?她们能成为牧师吗?如果她们的丈夫去世了,她们会怎么样?一个年轻女性整天都在做什么?等等。这不仅是一个关于这些答案的问题,也是一个对社会角色的一般原则及其地位的理解。如果一个学生对女孩的生活了如指掌,而对女性一无所知,那么她或他可能会得到与另一个学生相同的考试分数,而这名学生了解已婚女性却没有时间审视女孩的生活。但是,因为她们得到了相同的数字分数,就假设她们一定知道相同的事情。

但重要的知识和能力不是这样的。把知识和能力分解成碎片是不可能的。重要的知识是关于我们对物质世界和人类社会的看法,以及我们如何与之互动的知识。当然,这些知识包含了一些信息,但在理解和意义的更深层次与持久性上,它是不可分割的。然而,在我解释这一切到底意味着什么之前,让我们看看学生是如何回答测试问题的。

学生如何回答测试问题

我们一起做个练习。下面是一个在成绩测试中经常使用的简单事实问题。这个问题测试的是是否了解世界各国首都。老挝是一个内陆国家,人口约 500 万,与柬埔寨和越南接壤。

- 以下哪一个是老挝首都?

　　A. 老挝　　　　　　　　B. 万象

　　C. 班纳康　　　　　　　D. 那邦

除非你是世界地理专家,否则你不太可能知道答案。在考试中面对这个问题,你可能答不对。但是,请思考同一问题的另一个版本:

- 以下哪一个是老挝首都?

　　A. 伦敦　　　　　　　　B. 万象

　　C. 东京　　　　　　　　D. 巴黎

这一次,如果你没有得到正确的答案,我会感到惊讶。那么,关于这两个版本的同一个问题,你知不知道老挝首都的名字呢?

区别不在于问题,而在于要求你选择的选项。你可以回答第二个问题,不是因为你知道"万象"这个名字,而是因为你知道东京、巴黎和伦敦。那么,问题的第二个版本实际上在测试什么呢?你的常识?你的应试技巧？你的演绎能力？

这个例子引发了对测试问题实际评价的内容以及我们如何找出它们评价的内容的全面思考。这显然不是一个学生知道答案，因此正确地回答了问题，也不是一个学生不知道答案，因此错误地回答了问题。我们不能假设正确回答的问题数量反映了学生知道或能做什么。

让我们进一步扩展这个例子。一个测试包含10个关于东南亚国家首都的问题，这些问题都是第二个例子的类型。学生可以通过排除所有明显不正确的选项，而不是知道每个问题的正确答案，来获得所有问题的正确答案。这会让老师对学生知道或能做的事情产生误解。

传统上，确定测试或测验问题实际评价的内容（即其有效性）是测试开发人员的职责。测试开发人员有一系列的统计和分析方法来理解测试问题评价的内容，从而确定其有效性。

没有人去询问学生本人。几年前，作为我们研究学生从课堂体验中学到了什么的一部分，我们认为我们需要更清楚地了解学生的考试成绩如何反映他或她的学习。我们发现，尽管有数千项关于测试和如何分析测试结果的研究，但几乎没有人做过这种研究。有两项研究确实询问了孩子们如何回答智力测试问题[其中一项是由我的硕士论文导师菲利普·劳伦斯（Philip Lawrence）开展的]，但没有一项涉及成就测试。

所以我们利用了我们在学习研究中的数据。对于每项研究，我们都开发了一个成就测试，涵盖了老师打算让学生学习的所有内容，并希望他们（分别）在科学、社会科学和综合课课程单元中学习，这些课程单元还涉及语言和数学。每次研究结束后，我们访谈每个学生，要求学生针对测试中的每一个问题解释他们为什么给出那个答案以及当时的想法。在这些访谈中,我们探讨了学生对每个问题的理解以及他们回答问题所需的知识。

我们的发现很有趣。学生的大脑似乎有两个系统在同时运行。其中一个系统是智能记忆搜索系统。它从任何可用的线索中找到回答每个问题所需的信息。第二个系统是演绎或推理系统。它的功能是,再次从任何可用的线索或背景知识中得出符合逻辑的答案。第二个系统并不总是产生答案,但它确实指出了哪些内容不可能是答案,或者什么样的答案可能是正确的。

这两个系统同时工作,第二个系统监控第一个系统得出的结果。我们发现,在我们的研究中,学生很少给出一个不符合逻辑或前后矛盾的答案。这些系统自主工作。我们研究的学生只有在遇到某种困难时才意识到(并让我们知道)。例如,一名学生回忆起两个在逻辑上都与问题相符的答案,但由于不知道如何在两者之间进行选择,他感到困惑。

记忆搜索系统

从研究中,我们意识到,对于学生来说,在记忆中寻找答案通常需要使用问题引发的线索或联想。这些线索与问题的含义或学生获取答案的语境有关。下面的例子来自对 10 岁的简的访谈,表明学生可以在相当长的时间后(在本例中是一年后)直接回忆起课堂体验的细节。访谈者问简,她是如何记住水银是体温计中的物质的。

访谈者：你是从哪里学来的？

简：去年，B先生说："有人知道水银是什么吗？"托尼举起手说……哦，不……B先生说："温度计里有什么？"托尼举起手说是水银。这是对的，从那时起我就记住了。

我们对比一年前课堂讨论的原始记录显示，简的回忆基本正确。

老师：（在全班同学面前举着温度计）如果你很聪明，你可以看到……这里有一个中空的部分，里面有银色的东西。银色的东西叫什么？有人知道吗？

托尼：水银（Mercury）。

老师：对吗？毫无疑问，它被称为水银。

当访谈者问她时，简还记得她最初的想法。

简：我想，"你（托尼）一定错了"。我以为"Mercury"是宝石之类的东西，或者只是一颗行星。

访谈者：所以你认为他错了？

简：嗯。我以为是墨水或水（在温度计里）。

这样的回忆简单直接，尽管简也清楚地记得她当时的疑虑。

在下一个例子中，另一名叫瑞塔的学生尝试回忆相关课堂体验来联想相关内容，但失败了。她正在回答的问题让她想起了新西兰克赖斯特彻奇的暖风。

瑞塔：是的，我们做了一个图表，但我现在不记得我们当时在上面写了什么……挂在墙上的那张大纸上的图。我们小组要做关于天气的内容，你必须写这些，要标记东西南北，看一看，写上，哪种气候会带来最热的风(笑)。

访谈者:对,你的小组做到了吗?

瑞塔:是的,你必须把它挂在墙上。

访谈者:对,你还记得哪一个是温暖干燥的吗?

瑞塔:记不得了(笑)。

访谈者:你能想象一下你的小组做过的事情吗?谁负责在图上书写内容?

瑞塔:布鲁斯。

访谈者:是吗? 你帮忙了吗?

瑞塔:嗯,没有,其他两个人没有帮助我们,只有我和布鲁斯做这些内容。我在上面写了一些字,他,他写了出来,我写了"天气",他,嗯,我们都想好了,观察我们的天气图来看看哪一个是温暖的。

接下来的一个例子展示了学生对很久之前的课堂体验的记忆如何有助于他们在预测中找到答案。在五年级和六年级的混合班级一起上的厨房化学课程的一个科学单元中,要求学生将酸和碳酸盐结合起来,产生一种化学反应,从而将瓶塞顶开。在单元预测试中,一名叫杰夫的学生想起了上幼儿园时的一次体验,解释了他是如何知道醋是一种酸的。[1]

访谈者:早在前测时,你知道什么是酸吗?

杰夫:是的,我知道我放了醋和可口可乐。我可能放了柠檬汁。

---

[1] 本访谈摘自纳托尔的学习项目的第 16 项研究,引用自苏珊·柯林斯的博士论文(Collins, 2005, p. 303)。

访谈者:你觉得你在单元开始前就知道了?

杰夫:我只知道那两个是什么。我对柠檬汁没把握。

访谈者:那么你从哪里学到了醋呢?

杰夫:可能是我在幼儿园的时候……因为你用沙子造了火山,然后你(声音听不见)……就像在这个装置里一样,必须有一种酸和碳酸盐。

访谈者:你在幼儿园的时候知道吗?

杰夫:其实你不知道那是不是酸,但你知道必须有一些不同的东西来搭配它。

演绎推理系统

通常,当回忆失败时,学生会从相关知识中推断出答案。在下面的例子中,金解释了他是如何得出"火灾"是"生活在中世纪城镇的居民最大的恐惧是什么"这个问题的答案的。他记得自己在中世纪英格兰的一个单元里看到的一张照片。

金:我记得,嗯,在这张照片中,啊,我可以想象火是如何在那里蔓延的,蔓延开来的,因为房子紧紧靠在一起。就像是一家大汽车旅馆,差不多有一条街那么大。是的,不是篱笆或花园,只是与下一栋相连的一栋大房子。没有穿过的小巷。

访谈者:对,你还记得 A 女士说过(关于火灾)吗?

金:没有。

访谈者:那么,你还可以怎么解决这个问题呢?

金：啊，看那张照片（笑）。

在接下来的一个例子中，受访者是根据校外体验进行推断的。图伊在课堂上几乎难以集中注意力，但他经常利用自己的家庭经历来补充学校知识。他正在讨论的问题与下雨前的天气条件有关。图伊解释了为什么天空中一定有云。

图伊：哦，因为我和几个孩子，我们去商店买了一些炸鱼和薯条，每次，天上都是云朵。我们以为不会下雨，所以我们就走回家，然后就开始下雨了。于是我们坐在（商店的）阳台下吃薯条，等雨停了，我们就回家了。

一般来说，直接回忆和演绎的过程是协同工作的。记忆搜索本身就是一种演绎过程，因为搜索程序会聚焦线索（如对课堂活动的回忆）并对其进行评价。然而，有时回忆和演绎是相互冲突的。当被问及如何在天气图上得知两个高压区之间的空间名称时，瑞塔准确地回忆起老师在课堂上说的话。

瑞塔：是的，B先生说过，我认为这是一个槽（trough），因为他说过，他用过这个词，他写过槽和脊……在黑板上。有点低，有点高。他用了其中一个。他在上面用了"槽"。

访谈者：是的，所以你认为是槽？

瑞塔：是的……但是，我不认为是这样。

访谈者：当他把它画在黑板上的时候，你知道他所说的槽是什么吗？

瑞塔：不，我还以为它是马饮水的水槽呢。

瑞塔拒绝对低压区使用"槽"这个名字，因为她知道这个词的意思是

"马饮水的东西",尽管她清楚地记得老师在黑板上写了"槽"。

在之前提到的厨房化学单元之后的一次访谈中,艾丽解释了她推理出瓶塞弹出的答案。

艾丽:可能是因为醋和小苏打的混合物像我之前说的那样形成了一个珠子。它们形成一个大珠子,形成一种混合物。它们形成混合物,然后……它们混合在一起,形成二氧化碳,二氧化碳增加压力,然后慢慢获得足够的压力把软木塞推出来。所以软木塞会飞起来。其中一个,当我们这样做的时候它裂成了两半……它变大了,然后它……瓶子在空中飞出了大约两厘米。

访谈者:我喜欢你关于珠子的想法。你从哪里得到这个想法?这只是你脑海中的想法吗?

艾丽:基本上是的。一个大珠子里面有这么多化学物质。

访谈者:然后它们就推开了?

艾丽:基本上是。它就像一只毛毛虫,一个茧。所以毛毛虫……有一只蝴蝶从茧里出来,有点像二氧化碳,一点点地咬茧,然后就飞走了。

直接回忆屈指可数

上面的例子说明了学生回答测试问题时的复杂过程。但有一点很明确,很少有直接回忆这样的事情。当学生努力正确回答测试问题时,他们会充分利用背景知识,并进行智能搜索和推理。除非答案在学生现有认知和观点的背景下具有逻辑意义,否则不会得出可信的答案。

让我总结一下。当我们要求学生解释他们如何回答测试问题时,我们发现他们解决问题的过程复杂并富有机智,即使是针对简单的事实问题。知识不是我们可以用数字来计算和呈现的微小碎片,而是一个由逻辑上相互关联的想法、观点和总结组成的网络,它的结构可以被搜索并用于计算和评估新观点。当你弄清楚万象是老挝的首都时(在上面的测试题中),你使用了关于世界知名城市的知识网络。大多数所谓的事实,如果被理解的话,都嵌入在这样一个知识网络中。

适合用来评价学生学习的评价形式

在这一点上,我想回到本章最初的聚焦点,即用对教师有用的方式使用测试和考试来评价学生的学习;教师可以使用各种形式的评价来评估学生的学习,如果愿意的话,还可以评估自己的教学。举一个理想化的例子。假设你准备了一个关于"古埃及生活"的社会科学主题。你把可用的资源(例如,图画书、网站、海报,可能还有一些手工艺品)组合在一起,针对一些重要的主题策划一系列活动让学生参与研究并撰写报告:法老和金字塔建造的古典时期是多久以前?古埃及的生活与现代埃及的生活有何不同?古埃及人对死亡和来世的看法是什么?木乃伊是如何制作的？在古埃及，孩子们是如何学习阅读和写作的？古埃及人住在什么样的房子里？

你想知道这个主题的进展如何。这些活动在实现你的学习目标方面有多成功呢？为此，对于每个学生你需要了解两件事。在这个单元开始之前，学生对每个概念或观点知道并相信什么？单元学习结束后，学生对每个概念或观点都知道些什么，相信些什么？从这些信息中，你可以知晓每个学生学到了什么知识和没有学到哪些知识，或者学生的观点在本单元中是如何变化的。通过对所学内容或未学内容的逆推，你可以确定每项活动对学生的知识和理解有没有贡献。

上述研究经验清晰地表明，学生个体之间存在巨大的差异。对一些学生来说，利用互联网了解古埃及的住房情况会很好（他们对住房的了解会比刚开始时更加丰富、更加深入）。但对另外一些学生来说，使用互联网只会产生一些肤浅的知识，其中包含着严重的误解。如果你还记得这些学生实际上是如何使用互联网的，你会发现一些线索（在他们使用互联网方式的差异中），为什么这项活动对一些学生有效，而对其他学生无效，以及让这项活动对所有学生都有效需要做哪些改变。

达不到此标准的任何标准都不能作为评价学生学习或教学的充分依据。低于此标准的任何标准都不能告诉你一项活动做得好，是因为这项活动涉及学生所学内容的某些方面，或者另一项活动不起作用，是因为它没有让学生参与没学的那部分内容，或者他们误解或感到困惑的那部分内容。如果你想评价学生的学习情况并利用评价结果改进教学，那么你要注意，只有了解学生的想法和认知是如何发生改变的，才能达成这些目的。

当然，目前你必须完成课程教学的任务意味着你可能没有时间这样做。相反，你可以设计一个由 15 个简答题组成的测验来满足此要求，这些问题是你希望学生从活动中学到的一些知识，然后记录每个学生答对问题的数量。但是，你从中对自己的教学能了解到什么呢？如果学生都得了高分，你可能认为这项活动是成功的，或者是你的测试太简单，或者是它涵盖了学生的已知内容。即使你认为测试题目不简单，也没有涵盖大多数学生的已知内容，你仍然不知道哪些活动有效，以及为什么有效。只有当你知道学生的知识或观点是如何变化的，你才能确定特定活动的效果。

我在开始讨论时就已经说明，我在这里提倡的是一种理想化的情况。我知道，在繁忙课堂的一天里，很难对学生进行这种个人访谈。考虑到这一点，你有两个选择。你可以减少花费在评价上的时间，使其一无所用，你也可以减少花费在课程上的时间，并利用这些时间进行有效的评价。

这种评价的例子在课程的各个领域都很明显。那些使用过玛丽·克莱(Marie Clay, 1995, 2000)的阅读恢复计划的人将熟悉使用"逐字记录"法(Running Records)来评价阅读能力。要进行逐字记录，教师需要为学生选择一段文本，该文本位于页面的上部，学生可以流利地阅读。然后，教师与学生单独坐在一起，倾听学生阅读选定的课文。当学生阅读时，老师在他或她的文本副本中记录学生如何处理每个单词。如果学生犹豫不决，学生是如何理解这个词的？如果学生犯了错误，学生是否注意到了错误,以及学生如何纠正错误?学生没有注意到什么样的错误?等等。这种评价的结果是,教师准确记录了学生已经掌握、正在掌握或尚未掌握的阅读技能。这些知识使教师能够评价学生正在学习的课程,并为未来确定重点课程。

在数学入门阶段,类似的测试正在开展,用以评价每个学生对数字理解的不同方面。同样,这些测试必须单独进行,它们是基于对学生在数字概念发展过程中所经历的各个阶段的充分理解。这些测试能够让教师准确评价他们的课程对每位学生的有效性,并制定针对个人的教学计划。

如何评价科学和社会科学课中的关键概念,这项工作还在进行中。这项工作首先要确定学生需要知道和理解的核心或基本概念、原则、技能与观点,以便在学科中取得进步,然后对学生关于这些基础知识的理解和误解进行广泛研究。第二阶段包括确定学生要理解和学习其中一个概念所需的知识。这些信息有助于开发评价方法,使教师能够评价自己的课程,并设计最适合学生的活动。同样,这种评价需要逐个进行,并纳入一个充分考虑个体差异的计划中。

你可能已经注意到,针对个体的评价在很大程度上考虑到了学生动机和参与考试的问题。对动机如何影响测试结果的担忧是普遍存在的客观问题。这就是为什么我在这一章中避免谈论教师应该做什么,而是把重点放在评价问题的理想解决方案上。我认为该解决方案必须服务于对学生和教师的评价需求。我也很清楚,目前在全州范围内的考试和通过课程的无形压力下,实现这一理想是不可能的。然而,在明确有效教学的评价应该是什么样时,我希望已经指出了教师如何以个人或行政的方式实现这一理想。不过,我想强调的是,在教师广泛使用有效的评价技术之前,需要进行更多以学生和教师为中心的评价研究。

在下一章中,我将仔细研究学生如何通过课堂活动进行学习。这些思考将引导我们了解如何成为一名有效教师的具体建议。

第三章 理解学生如何学习和记忆学习内容

在本章中,我将尽可能清晰地描述学生与课堂体验互动、学生解读课堂体验以及从课堂体验中学习的不同方式。我的目的是让你尽可能地看到,当学生面对老师要求他们做的各种不同的事情时,他们的内心是怎样的。

本章所依据的研究不同于大多数教学研究,因为它们侧重于儿童个体的学习和经验。大多数教学研究都是从教师的角度或课堂的角度出发,将学生视为一个群体而不是个体。但我们发现,学生个体可以从同一课堂活动中学到完全不同的知识,因为他们在活动前的背景知识截然不同,对活动的体验也截然不同。

因此,如果想了解教师如何塑造学生的学习,我们必须从学生个体开始,探索他们从课堂活动中体验和学习的各种不同方法。多年来,通过一系列研究(例如 Alton-Lee, Nuthall 和 Patrick, 1989; Nuthall 和 Alton-Lee, 1993),我们开发了一种研究技术,使我们能够越来越接近学生个体连续的体验。我会简要介绍一下这项研究技术,以便大家能了解我们是如何获得数据的,以及我们对学生学习提出主张的依据。

我们如何开展研究

我们的第一个目标是在相对标准或普通的课堂活动中研究学生的体验。当我们第一次联系一所学校和学校的老师时,会明确告知对方,我们在这里研究的是学生正常的学习体验。我们对老师或他们所做工作的质量不感兴趣。这意味着要进行大量的初步讨论,解释我们希望做什么,以及我们希望如何做。在我看来,这种研究的成功完全取决于研究者与教师之间、研究者与学生之间的相互信任。这需要对你正在做与打算做的事情进行大量的讨论和澄清。

在与教师的前期谈话中,我们询问了他们今年计划教授的社会科学、科学、数学或科技方面的主题。一旦我们确定了一个主题,我们要求教师以常规的方式规划各自的主题,但要让我们尽早知道他们计划使用的活动和资源,以及他们希望学生从该主题中学到的内容。我们还向每位教师了解了班上学生的情况,并协商获得了学生以往考试成绩的记录。

在研究开始阶段,我们与学生的家长以及学校管理人员沟通了研究项目的性质。我们制作了一本带插图的小册子,说明了该项目的目的、计划在课堂上做的事情，以及将如何处理课堂上录制的音频和视频。我们解释了使用程序，以确保学校、教师和相关学生的匿名性。我们还提供了联系方式，以便家长和管理员联系我们，来回答他们可能提出的任何问题或担忧。在向家长发送小册子时，我们附上了一封信，请家长签署一份同意书，表明他们了解项目的性质和孩子的参与情况。如果有任何一位家长表达了担忧或没有回复同意书，我们就不在那个教室开展研究。

根据每位教师提供的关于其教授主题内容的信息，我们设计了一份测试试卷，尽可能涵盖教师希望学生学习的所有内容，以及我们认为学生可以从他们使用的资源中学习的任何其他内容。这个过程通常会产生60到70个测试项目，我们将其分为两个阶段进行测试。

在我们最近的研究中，我们将注意力放在每个班级的四名学生身上。我们将每个班级的学生先分为男生和女生两组，每组再分成高于和低于平均成绩（基于标准化成绩和能力测试结果的学校记录），然后从这四个类别中分别随机选出一名学生。在其中的几项研究中，我们确保不同种族的学生所占比例与他们的班级人数成比例。在研究完成之前，教师和学生都不知道谁是被选中的学生。

然后我们在教室里搭建好录音设备。带有广角镜头的微型摄像机被安装在房间对角的天花板上，这样就可以看到整个房间。另一组带变焦镜头的微型照相机，被用来聚焦观察选定的学生和坐在他们周围的人。每个摄像头都安装在天花板上，尽可能远离被选中的学生，这样就不会有人知道摄像头聚焦的是哪位学生。

我们在单元学习开始的前几周安装了该设备。同时，我们向学生和教师介绍了佩戴微型话筒的方法。学生把麦克风戴在脖子上,尽可能塞进运动衫里。教师把麦克风戴在衣服适当的地方。每个微型麦克风的顶部都有一个开关,学生或教师可以使用该开关打开或关闭麦克风。这四名被选中的学生佩戴的麦克风与其他学生佩戴的麦克风完全相同,但它们是唯一可以向教室外一组录音机上的接收器传播的学生麦克风。在开始阶段,我们在课堂上花了一些时间让教师和学生熟悉我们的存在,了解他们的姓名、家庭住址和工作模式,并向他们解释和演示设备。例如,每天早晨上课前,许多学生会在我们放在教室一角的监控屏幕上观看和欣赏自己。

大约在单元学习开始的前一周,我们分两天进行测试,通过向全班朗读测试内容,让学生一次专注于一个项目,来克服他们可能遇到的任何困难。该测试是我们了解学生在单元学习开始之前已知信息的来源。

一旦这个单元学习开始,我们每天早上都会在上课前测试设备,将手表与向摄像头和录像机发送时间信号的电子计时设备同步,将个人麦克风放在每个学生的桌子上,并准备在单元学习开始时启动录像机。

在大多数研究中,两到三位研究人员坐在教室的角落里,对所选学生的行为进行不间断的书面记录。我们使用与录像机上的时间编码设备同步的手表,将观察结果每十五分钟划分为一部分。当天的主题工作结束后,我们复印每个学生写的或画的所有资料,并对每个学生可能读过或看过的所有资料进行拍照。

每天早上,我们要求学生填写家庭作业单。在这里,他们描述了与本单元主题内容相关的任何必要或不必要的校外活动(如撰写报告的一部分、阅读、与朋友或兄弟姐妹交谈、在互联网上查阅信息）。

在本单元学习完成大约两周后，我们重新对全班进行测试，为我们提供有关学生在单元学习期间所学内容的初步信息。在随后的一周里，我们对选定的学生进行个别访谈，了解他们记得多少该单元学习的内容。学生通常需要一些时间来理解我们想要什么，所以在访谈开始时，我们让学生说出他们回答问题时想到的任何内容——任何脑海中的画面、感觉或想法。

访谈者：现在我想让你做的是，把你想到的所有事情都大声说出来，这样你就可以边想边说——即使事情一团糟——这样我就能理解。（摘自对图伊的访谈）

由于访谈的时长和复杂性，我们没有遵循固定格式。每个项目通常会问以下问题：

- "你是怎么知道的？"或"你从哪里学来的？"
- "你还记得单元里提到的那个吗？"或"在这个单元里你说过或做过什么吗？"或"你在哪里见过/听说过那个？"
- "在这单元之前你就知道吗？"或"你是在这个单元学会的吗？"

我们使用探究性问题来了解更多关于学生报告的回忆。

以下内容摘录自一次长期访谈（12个月后），说明了我们使用的提问过程的一般性质。摘录的重点是测试中的多项选择题："纽约市是由（　）组成的。(a) 三个州；(b) 四个郊区；(c) 五个国家；(d) 五个行政区；(e) 我不知道。"

安：我认为它是由五个州组成的……我知道它不是由五个国家组成

的,但它可以由三个州组成。

访谈者:对。解释一下你是怎么学会的。

安:嗯,我不认为有五个国家。我不知道为什么,但它不可能是五个国家,因为只有一个国家是美国……而且,哦,它可能是五个行政区。但我不这么认为……我不知道……

访谈者:老师在课堂上讲过吗?

安:是的。我想实际上我们学过。我只记得这些,五个州。我想……我只是,我不知道为什么,但我认为是五个州。

访谈者:对。你觉得这是在课堂上出现过的吗?你还记得别的吗?……你能记住各州的名字吗?

安:是的。我想实际上是三个行政区。一定是因为它不是五个国家,因为我记得曼哈顿就是其中之一。但我没记住其他行政区。

访谈者:墙上、投影仪上或书上有没有照片?

安:有的。头顶上有一幅画。

访谈者:你能给我描述一下吗?

安:嗯。不记得它是什么样子了。但我记得我们有投影仪。

(你可能已经注意到,这段摘录也是一个有趣的例子,说明了前一章中描述的搜索记忆和演绎之间的相互作用。)

在上一章提到的厨房化学单元中,一种酸和一种碳酸盐结合在一起,将瓶塞从瓶口处顶开,一个测试题问道:"你认为小苏打发生了什么?"这个问题旨在检查学生对水和盐等溶液与醋或柠檬汁和小苏打等化学混合物之间区别的理解。盐可以通过蒸发从溶液中回收,但由于化学反应的不可逆性,一旦小苏打与酸结合,它就无法恢复到原来的形式。在对杰克的访谈中,访谈者试图检验他对这个概念的理解。杰克用一个词回答了这个问题——"嘶嘶"。[①]

访谈者:在停止搅拌后,我们有没有办法把小苏打从柠檬汁中分离出来?

杰克:可能不行。

访谈者:你为什么这么认为?

杰克:因为我们以前是怎么谈论盐的……盐是,它与柠檬汁不同。柠檬汁就像水,盐就像混合物。

访谈者:一种混合物。那么小苏打和柠檬汁混合在一起会怎么样呢?这两种物质到底发生了什么?

杰克:他们越来越弱了。

访谈者:他们越来越弱了。他们在改变自己的形态吗?

杰克:可能吧。

访谈者:你觉得小苏打怎么了?

杰克:它开始变化……泡泡多起来了。

访谈者:那么,怎么会难以从柠檬汁中分离出小苏打呢?

杰克:因为当它们混合在一起的时候,你永远不知道它们混合得有多好,你必须……你可以试着把它弄出来,但那很难……可以试着通过蒸发分离出来,但我认为分离不出来。

---

① 这次访谈内容来自纳托尔的学习项目的第16项研究,苏珊·柯林斯博士的论文(Collins, 2005, p.319)中报告了这次访谈。苏珊参与了学习项目的第16和18项研究的数据收集与分析。

下一段摘录说明了当学生显然不知道某个项目的答案时访谈程序的差异。摘录的重点是一个开放式题目:"在中世纪,'宪章'很重要,因为它们……?"

山姆:我不知道。

访谈者:没关系。之前有没有提到过"宪章"呢?

山姆:我想提到过的。

访谈者:试着大声说出你能记住的任何事情。

山姆:我不记得……我不记得"宪章"的任何内容。

访谈者:没关系。这些内容可能在课堂上没讲过。

每次访谈都分三到四个部分进行,总共持续了三到四个小时。目的是全面了解每个学生对本单元内容的理解以及与该内容相关的体验。

在研究中,我们在一年后对相同的学生进行了跟踪,并重复了相同的访谈,以了解时间的推移如何影响他们从该单元学到的内容(见上文对安的访谈)。

分析数据

处理数据非常耗时。第一步是将学生和教师各自佩戴的麦克风中的录音转换成文本。然后,我们将这些文本与观察者所做的记录以及学生所写、所画、所读和/或所看到的一切的图片记录进行核对。

第二步是整理核对好的每位学生的体验记录,并在视频记录的帮助下,确定这些记录与测试中的哪些项目相关。通过这种方式,我们为每位学生的每个测试项目建立了"项目文件"。每个项目文件都包括我们记录的、拍摄的和/或观察到的学生在每个方面与特定项目内容相关的所有体验记录。可以说,它包含了与特定测试项目相关的学生体验的生活史。由于每次测试有 60 到 70 个项目或更多,因而每位学生有 60 到 70 个单独的项目文件。这些文件经常相互重叠,因为与一个项目相关的体验也以不同的方式与另一个项目相关。

最后,我们根据测试和访谈结果对这些项目文件进行分类。学生在前测中知道答案,在后测中仍然知道答案的文件被称为"已知项目",我们将其作为学生背景知识的信息来源。我们用剩下来的文件分析学生的学习情况。在这里,我们开发的程序,以及我在下面描述的用于预测学生将学会或未学会的程序,将被用来对这些项目进行分类——在前测中未知、在后测中未知的未学会项目,以及那些在前测中未知、在后测中已知的学会项目。一年后,当我们进行后续访谈时,我们将已学习项目分为学生学会但一年后忘记的项目和学生学会但一年后仍记得的项目。

预测学生学习

在我们最初的研究中,我们无法知道学生将学会或未能学会哪些项目。事实上,当时我们正试图找出决定学生个体学习的因素。发现什么对学生学习至关重要需要进行大量的详细分析,但最终被证明是非常简单的东西。如果我们思考一个特定的概念①,如气压、光谱、古埃及人对来世的信仰、人们迁徙的原因,我们就会意识到学生需要一定数量的信息来理解这个概念。例如,该信息可能是定义和一组明确实例的组合。学生可以通过不同的方式,或通过不同的部分或片段来体验这些信息。

我们发现,学生至少需要在三种不同的场合遇到她或他理解概念所需的整套信息。如果信息不完整,或没有在三种不同的情况下体验,学生就学不会该概念。在我们最早的一项研究中,我们通过对三名学生的体验进行详细检查,得出了这一发现。从那时起,我们将这一发现应用于不同课堂上许多不同学生的体验,并用它来预测他们会从课堂体验中学到什么、学不到什么。我们发现,在每个课堂上,对于每个学生和每个尚未学会的概念,我们可以预测学生学会什么和学不会什么,准确率为80%到85%。

一个七年级学生学习的案例

通过参考一个具体的例子,可以更好地理解这种分析所涉及的内

---

① 我在这里用"概念"(concept)一词来概括老师希望学生学习的和我们测试的所有不同种类的内容。其中有些是一般原则或想法,有些是事实,有些是程序、理解,等等。

容。我在这里使用的例子非常简单,因为学生遇到的信息比通常情况下更清楚、更易懂。本例中的学生乔伊、泰恩和保罗来自七年级的一个班级,他们将南极洲作为科学和社会科学课的一个综合主题进行学习。老师希望他们能够了解南极洲的气候,其中一个重要的信息就是南极洲是世界上最干旱的大陆。

在开始学习该单元的第二天,老师在班级里播放了一个关于南极洲的视频。当摄像机在广阔的冰雪场景中平移时,评论员说道(除其他外):

……另一个令人惊讶的现象是,除了在海岸附近,雪没有你想象得那么多。中央高原上几乎没有降雪。事实上,这里每年的降水比撒哈拉沙漠的还少,这使得南极洲总体上成为最干旱的大陆。下的雪不会融化,所以会一点一点积累起来。数百万年来,它被压缩成一个巨大的冰层,几乎覆盖了整个大陆……

这样的陈述在学生的脑海中汇集了一组(或多或少)已知的概念:雪、海岸、中央高原、湿度、撒哈拉沙漠、最干旱、大陆。学生通过将这些概念结合在一起来理解这个陈述。我们的观察和录像显示,乔伊和保罗在看视频,保罗偶尔会记下温度、风速和冰覆盖量,但没有记下降雨量,而泰恩给她的朋友传了纸条。但就在视频开始之前,泰恩和她邻桌莉私下小声地讨论了男友的事。例如:

莉:(小声说)……成熟一点。

泰恩:(也在用手捂着嘴低语)是的,我知道。但如果她想要约翰,我的意思是她从来没有表现得好像她想要他。你知道,就像我……

在视频中,两个女孩通过互相传递纸条来持续这种互动。以下以简短摘要的形式提供了一个观察者在视频开始的四分钟内对泰恩行为的注释示例：

读由莉传递过来的艾比的纸条。挠了挠头并写纸条。把纸条递给艾比。看了眼视频，看艾比。俯身从地板上捡起东西……收到艾比的纸条。观看视频并将纸条放在一边……叹气、揉眼睛和看视频。拿着艾比的纸条，揉着眼睛，一边看视频，一边摆弄艾比的纸条……在纸条上写字，然后把纸条递给艾比。看着对面的莉和艾比。观看视频……

在视频播放后，老师立即组织全班讨论视频的内容。

老师：好的。如果你从视频中学到了什么，请举手，你可以和我们分享一下。好的，莉？

莉：这是，嗯，一个干旱的地方。

老师：这是世界上最干旱的地方之一。你觉得为什么它会是一个干旱的地方呢？……这是一个干旱的地方，这让我很惊讶。好的。

大约10分钟后，在相同的讨论中，另一名学生表达了同样的观点。

简：比撒哈拉沙漠还要干旱。

老师：好的。南极洲比撒哈拉沙漠干旱。这可能是一件非常有趣的事情。为什么比撒哈拉沙漠干旱呢？为什么呢？

这些说法重复了视频评论中的一些信息：南极洲是干旱的，比撒哈拉沙漠干旱。老师重复了视频中的说法，即这令人惊讶，而且非常有趣。乔伊、泰恩和保罗似乎一直在听讨论。

第二天，学生们分组学习人们在南极洲工作的照片。他们的任务是确定照片中的人在做什么，以及为什么。以下讨论在包含乔伊和保罗的小组中展开(泰恩在另一个小组中)。他们的照片是一个人站在雪地上看着三脚架上的一些设备。

  莫德：(谈论照片中的人)……研究天气,是的。

  保罗：但这可能是本周的降雨量。

  哥亚：嗯?

  保罗：这周可能会下雨。

  哥亚：可能吧。

  莫德：你怎么知道会下雨?

  乔伊：我知道南极洲不会下雨。

  保罗：南极洲有雨。

  莫德：太棒了!

  保罗：这就是把它变成冰的原因。

  莫德：我想,我想,我想它是干旱的。

  保罗：所以还是有点雨。

这场讨论展示了一群女孩如何对待一个坚称自己是对的的男孩,而她们认为他错了。很明显,乔伊记得视频中所说的话,但保罗保留了他之前的想法,即冰意味着降雨。泰恩的小组正在研究另一张照片,没有提及干旱或缺少降雨。

两天后,老师带领全班讨论了在新西兰克赖斯特彻奇生活和在南极洲工作的区别。

  老师：你看不到什么…

  内文：我只是想说,你不会看到下雨的。

老师：你不会看到下雨的。为什么看不到呢？

内文：因为这是世界上最干旱的地方。

这一次，另一个学生内文表示，南极洲没有降雨并解释说这是因为南极洲是最干旱的大陆。乔伊、泰恩和保罗似乎在听内文的发言。

第二天，老师让学生写一份报告，内容是到目前为止关于南极洲他们学到了什么。乔伊在她的报告中写道："南极洲几乎不下雨……南极洲是最干旱的地区。"保罗和泰恩在他们的报告中都没有提到干旱或少雨。老师想要学生知道的是"南极洲是所有大陆中最干旱的"。但到底这是什么意思，老师未作具体说明。表 3.1 总结了与此相关的三名学生的体验。

表 3.1　三名学生关于学习南极洲是所有大陆中最干旱的观点的体验总结

相关内容的体验	乔伊	泰恩	保罗
1. 视频：比撒哈拉沙漠还干旱……最干旱的大陆	参与其中	传纸条	参与其中
2. 课堂讨论：世界上最干旱的地方之一……比撒哈拉沙漠还干旱	参与其中	参与其中	参与其中
3. 同伴小组：（乔伊）我认为不会下雨。（莫德）我认为很干旱。（保罗）会有点雨。	参与到小组讨论之中	在其他的小组中	参与到小组讨论之中
4. 班级讨论：你没看到雨……这是世界上最干旱的地方	参与其中	参与其中	参与其中
5. 撰写报告：（乔伊）几乎不下雨……最干旱的地区	写报告	报告中没有提到	报告中没有提到

该表显示乔伊在三个场合(表中的 1、2 和 4)遇到了这种说法。她认为这是她在报告(表中的 5)中学到的东西。她似乎把这理解成了南极洲没有下雨,并在小组讨论(表中 3)中向保罗提出了这一事实。然而,在她写报告时,她已将其改为"几乎从不下雨"。乔伊与相关信息的三次直接接触(表中的 1、2 和 4)以及她在撰写报告时的额外一次接触(上文 5)确保乔伊记住了这些信息。一年后,当我们问她对南极洲气候的印象时,她说:

几乎从不下雨……嗯……天气太冷了,我想是的。它冻结成雪或什么的。

当我们问保罗下雨的事时,他回答说:

保罗:几乎从不下雨。因为它,哦,几乎从不下雨,但是有暴风雪。诸如此类的东西。

访谈者:你是事先知道的,还是在单元学习时学到的?

保罗:不是。是在单元课上学到的。

访谈者:想一想,看看你是否记得它是以什么方式出现的。

保罗:嗯,我想是在他们告诉我们这里是最干旱的大陆,而且几乎从不下雨的时候。

访谈者:是吗?那是个人,还是视频,还是……?

保罗:嗯,视频。

保罗有四个相关体验(表 3.1 中的 1、2、3 和 4)。这足以让他在一年后回忆起基本信息("最干旱的大陆"),但不足以确保清晰的理解。他忘了视频上说几乎不下雪。这一点只被提到过一次,因此没有被记住,这使他保留了之前的观点,即南极洲下了很多雪,而他最近又相信南极洲是最干旱的大陆。

泰恩的经历不同。她可能没有听到多少视频中评论员说的话。她的小组没有讨论任何与南极洲气候有关的问题(表 3.1 中的 3),她在报告中也没有提及气候。由于与相关信息的接触不到三次,泰恩在访谈中被问及降雨量时,完全不记得南极洲是最干旱的大陆,也不记得降雨量不足。

这个例子是一个非常简单的项目文件,因为学生学到的东西相对清晰(一个简单但令人惊讶的事实),他们的大部分体验相对清晰。对于学生来说,所需的信息显而易见,易于理解。大多数项目文件都比这复杂。当概念更复杂且需要耗费精力来理解时,相关信息可能是零碎的、几乎不相关的、相互矛盾的或完全错误的。学生可能会产生明显的误解或困惑,可能需要视觉和口头信息。但这个例子应该能说明预测学生学会什么知识和没有学会什么知识的基本程序。

在这项关于南极洲的特别研究中,我们预测了 468 个概念的学习(我们所记录的五个学生中的任何一个人都不知道的概念平均约 90 个)。根据我们对每个学生体验的分析,我们预测他们将学会的概念有 301 个,而没有学会的概念有 280 个。对于我们预测他们学会的概念,80% 是对的,而对于我们预测他们没有学会的概念,82% 是对的。这对学生学习的预测能力比以往在教学研究中所显示的要高得多。我们的失败似乎发生在,当学生有我们没有发现的重大误解,学生在没有相关课堂经验的情况下自己找到答案,以及我们可能错过(未能记录)重要的体验时。

这些程序的成功还意味着,别的研究人员研究的其他因素(如开放式问题的使用、反馈、先行组织者、相关示例和类比以及材料吸引人的程度)可能与学生的学习无关,除非这些因素能让学生接触到更多相关内容。但是,对这些教师行为的研究是关于教学有效性的书籍的核心,我们应该对此持开放态度。

学习是如何发生的

从上面的例子很容易得出这样的结论——学习依赖于重复。任何事情重复三次,学生就会记住它。然而,学生能够理解和记住许多概念,而不用重复任何一条信息。他们通常从相关体验中推断出相关信息。在下面的例子中,一个七年级的班级正在学习关于光的科学单元。老师希望学生知道,太阳的高度角必须小于 $45°$,彩虹才能出现。在课堂讨论中,一些学生认为他们看到了教室窗外的彩虹。

贝蒂娜:那里,那里。哦,你错过了彩虹。

老师:我看不见,因为现在是中午。你没看到,是吗?

贝蒂娜:不,我们看到了一个。

老师:不,显然中午你不可能看到彩虹。

德里克:我们能出去看看吗?

老师并没有说太阳需要低一些。她说中午不可能看到彩虹。在这里,学生需要推断出太阳的角度才是最重要的。在其他相关信息的背景下,这样的推断可能并不困难,但老师提供的信息并不是我们在南极洲例子中看到的直接信息,学生也不是通过重复来学习的。

在下一个例子中,关于南极洲的另一个单元,希望学生了解这个大陆有多大。他们研究南极洲地图,但没有一张地图显示出该大陆的相对大小。然而,一位去过南极洲的客座嘉宾给了他们一个线索,她将回答学生准备的问题。

保罗:你去过南极吗?

客座嘉宾:没有,我没有去南极。因为南极洲太大了,飞到那里要花上好几个小时,而他们不想把汽油浪费在我们身上,仅仅是为了飞去那里。几乎没有人真正到过那里。

嘉宾的陈述没有明确说明南极洲有多大,但确实表明了它的巨大(飞到南极"要花上好几个小时")。学生知道南极在南极洲中心附近的某个地方,他们可能知道在新西兰的城市之间航班需要多长时间,因此他们根据这些知识构建一些关于南极洲巨大面积的想法。幸运的是,对他们来说,客座嘉宾在稍后的演讲中讨论罗伯特·法尔肯·斯科特(Robert Falcon Scott)如何接近南极时,提供了更多明确的信息。

客座嘉宾:他到达了离南极不到97英里(约156千米)的地方。这听起来是一段很长的路,但如果你仔细想想,那是南极洲。你知道澳大利亚有多大吗?你知道美国有多大吗?美国?如果你把澳大利亚和美国加在一起,你就会知道南极洲。我是说,有那么大。

这个例子应该能更好地用来理解学生在学习新概念和获得新观点时通常会整合他所遇到的不同类型的信息。

但所有这些信息仍然不能告诉我们学生是如何学习的。为什么他们需要至少三次接触他们理解一个概念所需的完整信息,不管这套信息多么零碎和间接?根据一系列研究积累的证据,我们得出一个结论,学生必须使用某种工作记忆,在这种记忆中,他们解释每一种新体验的意义,并保持到新的相关体验发生。

研究阅读理解的人员也得出了同样的结论。他们认为,成熟的读者是那些逐步建立起文本意义模型的人,他们在工作记忆中保留连续的单词和短语,直到能够在它们之间建立联系。

图3.1概述了工作记忆可能的工作原理。当学生理解课堂体验时,课堂体验存储在工作记忆中。这个过程包括与先前知识和暂时存储在

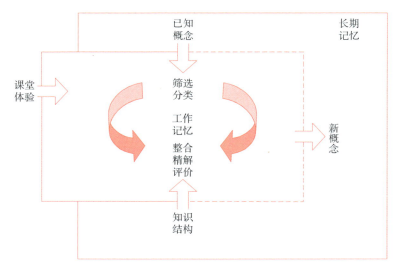

图3.1 工作记忆中体验如何加工和转化成新概念

72　工作记忆中的其他相关体验建立联系。它还涉及对照先前知识和观点对新的体验进行评价,以及评价该体验所隐含的内容。最后,新的体验被整合到先前知识中,或改变先前知识,或被先前知识改变,这取决于如何对它评价。

例如,当乔伊在视频中第一次听到南极洲是最干旱的大陆时,她将这些信息存储在工作记忆中,并将其与她已经知道的关于南极洲和撒哈拉沙漠的信息联系起来。然后,在后面的讨论中,她对已经储存在工作记忆中的信息及其解释补充了莉和老师的评论("这是一个干旱的地方""这是世界上最干旱的地方之一")以及简的说法("它甚至比撒哈拉沙漠还要干旱")。第二天,当面对保罗关于南极洲下雨的说法时,乔伊根据自己的工作记忆反驳称南极洲不下雨。她还将其他学生的评论和已经存储在工作记忆中的内容联系在一起。两天后,内文和老师的评论("你不会看到下雨""因为这是世界上最干旱的地方")被添加到她已经储存在工作记忆里的内容中。到目前为止,乔伊已经在她的工作记忆中储存了几个不同版本的相关信息,工作记忆能够理解这些信息,并能将其整合到乔伊现有的关于南极洲的知识中。第二天,当被问及她对南极洲的理解时,她复现了这些信息("南极洲是最干旱的地方"),并补充道,"南极洲几乎从不下雨",大概是因为她记忆中仍有保罗所说的一些细节。由于这些信息是已经在工作记忆中被整合并详细阐述的,这些信息已经成为乔伊长期记忆的一部分,因此一年后她仍然记得它。

当学生遇到关于新概念的碎片信息时,相关的片段会在工作记忆中相互联系。因此,南极洲这个单元,学生在工作记忆里会保留乘飞机到南极洲需要多长时间的信息,直到他们遇到南极洲与澳大利亚和美国加起来的面积一样大的说法。一条信息有助于他们理解和巩固另一条信息。当学生遇到与先前知识相矛盾的新信息时,他们会在工作记忆中尝试处理这些矛盾。

我们的研究表明,工作记忆中积累了足够的信息来保证新概念在生成之前不会被创造并转移到长期记忆中。如果这种情况没有发生,新的体验将被视为已知概念的另一个版本或某个方面,并被吸收到其中,或者被遗忘。这就好像现有的知识和观点受到保护,不受新体验的影响,除非新体验与已知概念相似,并且足够强大——达到了一个临界值——以保证进行重大改变或引入新的概念或观点。为了强调这一点,我们的数据表明,在工作记忆中被解释和整合的三套完整的相关信息是构建新观点或概念所需的最低限度。在正常情况下,这种处理过程是无意识地进行的。

此外,我不想暗示工作记忆在大脑中确实存在。最近的研究表明,整个大脑或多或少都在持续地参与处理体验,因此工作记忆更可能是由大脑中被传入的体验特别激活的区域组成。所以,它的位置将根据相关的已有体验的存储位置不断变化。尽管没有绝对的证据表明,新概念的构建是加强(和/或促进)大脑相关区域之间新连接的结果,但这很有诱惑力。

我们如何获知工作记忆的发生

我在上面说过,工作记忆的发生过程几乎是无意识的。据我们所知,乔伊没有意识到她的工作记忆是如何处理"南极洲是最干旱的大陆"这一信息的。那么,我们如何知道工作记忆中发生了什么,以及试图找出答案的意义何在?

有人强烈主张,我们的大脑如何处理体验(即从体验中学习)不是与生俱来的,而是由我们的体验塑造的。俄罗斯心理学家维果茨基(Vygotsky, 1978)认为,我们称之为思维的过程是在儿童的社会体验中发展起来的。瑞士著名心理学家皮亚杰(Piaget, 1928)也提出了同样的主张,但他认为儿童与物质世界的互动是儿童智力发展的基础。甚至弗洛伊德(Freud)也提出了类似的主张,他认为我们内心良知的声音是我们父母声音的内化版本,特别是父亲的声音。

这些观点背后的一般理论是,我们将自己的行为内化。当我们积累关于外部世界的体验时,我们构建了一个世界的模型,让我们能够在大脑中应对它,而不必总是通过试错来在行为上应对它。我们的心智模式允许我们预测和计划我们应该做什么,以解决问题,得到我们想要的,避免错误和危险。在头脑中使用社会和物质世界的心智模型就是我们所说的思维。这种"与我们的心智模型一起工作"大多是通过语言、语言的内部版本或自言自语来实现的。

如果我们关于如何学习思考和处理体验的理论是正确的,那么审视学生在课堂上的行为应该能让我们了解学校体验如何影响学生的思考和学习过程。当我们查看录制在个人麦克风上的学生谈话记录时,我们发现其中有一件事,即学生之间如何轻松、公开地从社交谈话转变为自言自语(或大声思考),再转变为内心思考。显然,我们听不到他们脑海里在想什么,但一般来说,从他们的写作、聊天和相对频繁的出声思考中推断他们在想什么并不太困难。

以下摘录(图 3.2)来自一门五年级的课程,该课程以天气为主题。当在黑板上列出云的主要类型名称时,老师要求一名学生在书写时大声朗读每个名称。当其他学生自言自语时,单个麦克风会记录他们的单词发音方式。这不是要求他们做的事,也不是以任何方式鼓励他们做的事;这是一个半自动的关联过程,我们碰巧在磁带上发现了这个过程。

公开讨论	自言自语
老师:就是这个词。[在黑板上写出"积云"(cumulus)]。 学生:积云(cumulus)。 老师:积云。 [在黑板上写出"雨云"(nimbus)]。 学生:雨云(nimbus)。 老师:[在黑板上写出"卷云"(cirrus)]。 学生:Syros。① 学生:卷云(Cirrus)。	 学生:(自言自语)Nebulite windows。 帕姆:(自言自语)Numulus, nimbus . . . Oh yeah, nimbus。 学生 2:(自言自语)Nebulus。 瑞塔:(自言自语)Curious。

图 3.2 关于云的类型的自发对话

在下一个例子(图 3.3)中,学生很容易在出声思考、与邻座同学交谈或只是出声说话之间转换。

---

① 该学生将"cirrus"错读为"syros"。——译者注

公开讨论	自言自语和与同学交谈
老师:什么动物能吃我们人类？ 保罗:鲨鱼。 吉姆:狮子、老虎和熊。 老师:非常好。卡尔，我们退一步，说一说我们人类吃什么呢？ 雅子:我们吃很多东西。 老师:有一些可以。 老师:好的。吉尔？ 吉尔:水果？ 老师:水果。(在表格里写上"水果") 学生:(听不清) 学生:(听不清) 老师:是水果还是食物？ 学生:水果。 老师:水果。乔伊？ 乔伊:鱼。 老师:鱼。(在表格里写上"鱼")还有吗？ 萨利:蔬菜。 老师:蔬菜。(在表格里写上"蔬菜") 吉姆:《动物动呀动》。① 老师:罗宾？ 罗宾:猪，等等。	乔伊:(对简说)我知道，我们吃什么。 吉姆:(自言自语，笑)天哪，狮子和老虎、熊。天哪！ 吉姆:(对着本，用手做吃的动作)狮子和老虎、熊。 保罗:(对着所有人)正确，雅子。正确！ 乔伊:(自言自语)我们吃什么。 保罗:(自言自语)肉。我们吃苹果、香蕉、橘子、肉……嗯，鱼。 吉姆:(模仿老师，自言自语)水果。冰激凌。 吉姆:(对着本)蔬菜。 本:蔬菜。 吉姆:(自言自语)《动物动呀动》。 乔伊:(自言自语)动物。肉。 保罗:(对着罗宾)蔬菜，黄色的蔬菜。我们吃牛肉，对。(自言自语)肉。

图 3.3 关于食物链的课堂讨论

① 《动物动呀动》(Animanimals)是一部德国动画片，每集都是围绕一种动物展开的故事。——译者注

这是上文提到的关于南极洲的七年级课程。这位老师一直在谈论食物链,她想建一条包括人类在内的食物链。不幸的是,她是从错误的问题开始的。请记住,当你阅读本文时,我们只能记录所选学生的谈话,因此本例中的私人对话仅限于五名学生的私人对话。此外,私下的自言自语和社交对话可以让我们深入了解学生在对课堂讨论做出反应时的想法。

有趣的是,在刚开始时,吉姆向他的邻桌本大声重复他刚刚自言自语的内容。乔伊大部分时间都在自言自语,但有一次她对着邻桌简说话。保罗自言自语,对雅子的反应发表评论,没有特别针对任何人。当学生自言自语时,他们并不是用某种特殊的个人语言,而是用与同龄人完全相同的社交语言。这与我们思考时使用的语言和我们的社交方式密切相关的观点是一致的。

对学生的自言自语和私人社交对话的详细分析有助于我们确认学生的工作记忆里最可能发生的过程。当我们说学生正在"理解"体验,或"构建"自己的意义时,这些过程就暗含其中。

作为一个例子,让我们来看看一个在学生参与课堂活动中起关键作用的过程。我们把这个过程称为"元认知监控"。这是儿童对自己的大脑如何工作以及他们应该如何思考新体验的一系列判断。学生判断新信息是困难还是简单,有趣还是无聊,熟悉还是陌生,并做出相应的反应。例如,在学习天气的课堂上,老师向学生介绍如何使用指南针。如图 3.4 所示,教师首先询问他们指南针的用途。

公开讨论	自言自语和与同学交谈
老师:劳拉,指南针对我们有什么用啊? 劳拉:它能告诉我们东、南、西、北分别是哪个方向。 老师:尼尔,它是怎么指引方向的? 尼尔:像磁铁那样。	帕姆:(小声向同伴说道)我知道指南针是怎么工作的。我爸有一个。我是说我妈妈的爸爸。

图 3.4　关于指南针的课堂讨论

帕姆自认为她已经知道指南针是如何工作的。不幸的是,对她来说,她对指南针如何工作的想法与老师的想法不同。老师想让全班同学理解磁铁是如何始终指向北/南的。帕姆认为,她所需要学习的就是她在家使用指南针的方法。结果是,她几乎没有注意到老师关于磁铁如何工作的演示。后来,在同一节课上讨论指南针时,当老师开始让大家讨论如何使用这种仪器时,图伊清晰地表明了他对指南针的看法。

老师:指南针对我们有什么用呢?

图伊:(自言自语)没用。

因此,在老师演示如何使用指南针时,图伊决定开始制作他的报告封面。他画一个大的彩色标题("关于天气"),并试图让他旁边的学生参与另一个讨论,其中他有权决定需要学习的内容。

图伊:(对着他旁边的人耳语)我正在做我的(天气)项目……你知道怎么拼写"关于天气"吗?(继续书写和挑选搭配不同颜色的笔)

由于错过了关于指南针的课堂讨论,图伊仍然认为风决定了指南针的方向,风向是风吹走的方向而不是来的方向。

在另一个与天气单元相关的例子中,老师要求学生尝试用当天的天气图来预测第二天的天气。只有部分学生(包括瑞塔)意识到这项任务几乎是不可能的。

瑞塔:(看着天气图)看。反气旋,很高,它正进入新西兰。

学　生:这里有一个反气旋。

瑞塔:哦,天哪,这太难了。

学　生:一股大冷锋来了。

瑞塔:哦,上帝,这里也有。看,有一股大冷锋正穿过悉尼。看,你可以分辨出冷锋。看看它的形状。

与其他许多学生不同,瑞塔认真观察天气图中的所有细节,并努力理解其含义。她对任务难度的判断("哦,天哪,这太难了")是基于她对任务性质的理解以及她自己的与任务相关的能力和知识。没有理解任务性质的学生,只关注天气图的描述,而没有去解释它。

学生理解任务的方式以及如何执行任务很可能取决于他们对任务意义的元认知判断,以及这些判断与他们自己的能力和知识的关系。正如指南针这一课所指出的那样,图伊经常无视课堂活动,认为这些活动无关紧要,或者配不上他自封为组长的身份。当我们问他是怎么知道关于彩虹的知识时,他把自己的学习归功于母亲。

图伊:就像太阳在雨中形成彩虹一样,它们混合在一起,所有的颜色就是这样出来的。

访谈者:你是怎么知道的,图伊?

图伊:嗯,我妈以前常说太阳雨和彩虹下……那是什么意思,她会说太阳在彩虹上。

访谈者：它是在课堂上提出来的吗？

图伊：是的。

访谈者：跟我说说。

图伊：嗯，那是我在学校的时候，天气不冷不热，只是很暖和，然后我们看到彩虹出现了。

访谈者：人们讨论过它了吗？

图伊：我们只是看看它，然后继续做我们的事情。

当访谈者问图伊"它"是否在课堂上出现过时，图伊不记得老师谈论过它，并将问题理解为：你在课堂上看到彩虹了吗？这是图伊的典型反应。因为他经常不参加课堂活动，或者重新设计课堂活动以达到自己的目的，所以他对公共课堂活动、内容或目的的记忆很少。

我将在后面的章节中更深入地讨论工作记忆中的认知过程。正如我们将看到的，学生的工作记忆是一个非常繁忙的地方。它可能同时处理大量不断演变的概念或观点。在我们的大多数研究中，教师打算让学生平均学习50到60个新概念、原则、观点。假设学生在单元开始前就知道其中的近一半内容，那么他们的工作记忆在学习这一单元的部分时间里会处理25到30个新概念。考虑到他们在社会科学、数学和阅读活动中处理相同数量的概念，每个学生同时处理的概念总数将接近100个。

对教学的启示

通过对学习过程的分析，我们可以得出三点教学启示。第一个要点是，学生学习主要取决于他们接触到的信息。这意味着活动需要仔细设计，这样学生就不可避免与这些相关信息进行交互。这也意味着要非常小心所遇到的信息的形式。有大量研究（例如 Nuthall，1999）表明，学生理解信息和与信息交互的方式取决于他们的先前知识和理解能力。教师经常准备材料，并使用类比和示例，使新信息清晰易懂，结果却发现学生的先前知识和/或观点会导致新的、独特的误解。这种情况令人沮丧且不可预测，除非教师在教授特定主题方面有丰富的经验，或者换句话说，"以前都见过"。

这一考虑意味着需要不断监控学生对关键概念和想法的理解。一些研究试图帮助教师将教学重点放在学生已知和未知的事情上。

斯坦福大学科学教育负责人理查德·沙沃森教授（Richard Shavelson，2006）一直在与一群科学教师合作，以确定为了指导教学他们需要知道的内容，以及如何最好地向学生提供这些信息。他发现很难让教师将考试结果视为自己教学的指示，而不仅仅是评价学生的方式。沙沃森的研究还表明，当给出有关学生理解能力和具备的知识等信息时，教师仍不太确定该如何处理这些信息。改变这种思维需要一种新的思维方式,即将教学视为问题,而不是学生。

　　英国的一个小组(Leach和Scott,2002)一直在研究这个观点,即所有教学都应该基于分析学生在单元学习之前所知道的内容,然后将这些知识与单元学习预期结果中体现的知识进行比较。他们详细分析了学生已知和相信的内容与作为"学习需求"的预期结果之间的差异。通过这个过程,教师可以将单元的学习内容与学生需要知道的内容相匹配,并将单元中的学习活动与学生的先前知识联系起来。

　　虽然这只是开始,但随着单元学习的进行,仍需不断监测新的观点和新的理解。这意味着要设计一些活动,例如讨论或测验,来揭示学生是如何思考关键概念或想法的。

　　第二个要点是,学生需要时间来处理新概念。正如我们所强调的,我们的研究表明,需要教授学生这个概念,或者学生至少三次遇到这个概念的完整解释。正如我在第五章中更详细地解释的那样,这并不意味着简单的重复。简单的重复解释或简单的活动可能会很无聊,会让学生失去以适当方式参与学习新内容的机会。这意味着学生的大脑需要时间来处理新信息。他们需要获得以不同的方式接触材料的机会。这也意味着单一的精彩解释本身是不够的。

　　我们可能都经历过参加一个让人兴奋的讲座,或阅读一本写得很好的技术书籍,结果却发现,当被问及讲座或书籍的内容时,具体内容很快就忘记了。给我们留下的印象是,这本书写得很好,或者这个讲座很吸引人,我们学到并理解了许多新的观点,但我们对自己实际读到或听到的内容只有最模糊的概念。我曾经听过著名理论物理学家盖尔·曼

(Gell Mann)关于粒子物理学最新发展的精彩演讲。他轻松地讨论和阐述了新发现的亚原子粒子的范围,这让我着迷。但一两周后,一位同事让我解释盖尔·曼所说的话时,我只能回忆起部分内容和几个名词。实际情况是,如果要学会他所说的内容,我需要反复几次学习材料,然后才能逐步理解潜在的原则和结构,并将细节融入其中。当然,除非我是一个理论物理学家,已经知道了他演讲背后的基本原理。

　　第三个要点将在下一章中讨论。本次讨论的目的是拓宽我们的视野,审视同龄人在学习过程中发挥的作用。

第四章　课堂生活：学习发生的情境

　　课堂学习发生的情境是多样的，也不限于一个空间世界。有证据表明，教师只是学生获得学习体验的来源之一。如果要有效地解释和管理学生的学习，同伴互动和社交关系与课堂学习同样重要，需要仔细理解。在前一章中，我主要从学生个体的思维角度描述了学习过程。在本章中，我会拓宽视角，讨论学生所体验的各种课堂世界，特别强调同伴塑造学习过程的方式。

　　你会注意到，在前一章中，我描述了学习过程，但没有涉及学生的智力或能力，你可能认为这是一个重大疏漏，我们习惯上认为学生的能力可能是决定学生学习内容和方式的最重要因素。那么，从我们的研究中发现了哪些关于学业能力的证据呢？我将在本章末尾讨论这个重要问题。

课堂的三个世界

前几章中给出的学生参与学习的示例和摘录（尤其是第三章图3.3中的"食物链"示例）以及本章后面的示例和摘录表明，学生生活的课堂包含了不同又相互影响的三个世界（Nuthall, 1999）。

首先，是教师看到并管理的公共世界。这是我们大多数人走进教室时看到的唯一世界。在这个世界中，学生（大多）做着老师希望他们做的事情，遵循公共规则和课堂约定俗成的规则。这是一个由教师设计和管理学习活动与日常安排所构成的世界。

其次，是同伴关系持续发展的半私人世界。这是一个由学生确立和维持其社会角色与地位的世界。它有自己约定俗成的规则，学生在参与教师的公共世界时会敏锐地意识到这些规则。违反同伴规则可能比违反老师制定的规则后果更严重。这种同伴关系世界延伸到了课外活动中，在这些活动中，小团体的形成不受控制，成年人通常看不到其中的嘲笑和欺凌。

最后，是学生心灵的私人世界。这是学生的知识与信念变化和成长的地方；在这个世界，自我信念和态度会产生影响；在这个世界，个人思维和学习会发生。这个世界贯穿于学生生活的方方面面，将家庭生活带入学校和操场，并将学校生活带回家庭。

三个世界对学生学习有多大影响?

这三个世界不断地塑造着每个学生的体验,不可能完全厘清它们各自的影响。通过识别学生的学习何时完全依赖于自主活动或同伴互动,我们试图得到一个近似指标。为了找到答案,我们检查了南极洲学习中所学概念的所有项目文件。然后,我们将项目文件分为两类。

首先,有一些项目是依赖于教师管理的活动。我的意思是,如果学生没有从教师管理的活动中获得该概念的体验,这个概念就没有学过。教师管理的活动是指教师参与的活动(例如,全班或小组讨论,与教师进行一对一的谈话)或由教师设置且学生没有选择权利的活动(例如,设置书面活动、必读活动)。

第二类项目是那些学习概念依赖于某种自我生成活动的项目文件。我们将自我生成的学习体验进一步分为三类。第一种类型(选择教师设计的活动)涉及的是学生从教师设计的一组活动中选择的学习活动中所获得的体验。例如,学生可以从教师提供的一组阅读材料、游戏或其他资源中选择一种,也可以从一组主题中选择一种进行调查或写作。学生选择的活动对该生学习这个概念至关重要。

第二种类型的自我生成学习体验(自我设计活动和使用资源)发生在允许学生为自己设计关键学习活动时。例如,在这里,学生在报告中添加了一个部分或一张图,选择了他或她自己的主题进行研究或写作,或者做了额外的研究或家庭作业。有一次,老师给学生介绍了一个纸牌游戏,旨在展示南极洲的食物链。一些学生设计了自己的游戏版本,并在午餐时间玩了这个游戏。

发生在关键学习活动时的第三种类型的自我生成学习体验(自发的同伴对话)是同伴之间的自发对话。这些对话发生在个人、小组和整个课堂活动中,它们的特点是不需要讨论;它们是自然发生的,产生于所需的活动或与所需的活动并行发生。

在许多项目文件中,我们遇到了比学习概念、想法或原则所需的更多的相关学习体验。如果在教师控制的活动中有足够的学习体验来进行学习,则将其视为在教师控制的活动中学习。如果在教师控制的活动中对于要学习的概念没有获得足够的学习体验,并且额外的必要学习体验来自自我生成的活动,这些活动则被归类为自我生成的学习经验。(参见 www.nuthalltrust.org.nz 了解关于学习项目编码的更多信息。)

图 4.1 说明了学习对教师管理的活动或自主选择或自行构建的活动的依赖程度。平均而言,本研究中的教师为学生学习的大约一半的概念提供了临界量的学习体验。另外四分之一的概念的学习取决于学生所选择的教师设计的特定活动。因为学生可以从一系列活动中进行选择,所以活动的选择决定了学生学到的或没有学到的内容。例如,学生可以选择研究哪种南极动物。许多人选择企鹅是因为他们喜欢企鹅并且已经对企鹅有了很多了解,但有的人选择了鲸鱼和海豹,并学到了比他们已经知道的要多的内容。最后,大约四分之一的概念是通过自发对话、自创活动或使用资料学习的。换句话说,学生创造了自己的关键学习体验,占他们所学内容的四分之一。

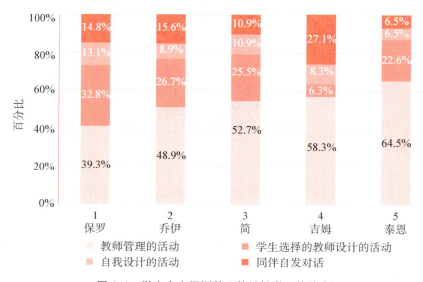

图 4.1 学生在南极洲单元的关键学习体验来源

图 4.1 显示了有趣的个体差异。保罗学习的概念只有 39.3% 依赖于教师管理的活动。而另一个极端,泰恩学习的概念有 64.5% 依赖于教师管理的活动。问同伴如何拼写"南极洲"的学生吉姆(27.1%)从同伴之间的自发对话中学到的东西比其他任何学生都多。

学生从他们选择的教师设计的活动中学习的程度也存在显著差异(另见下一节)。保罗选择了最有可能让他学到新知识的活动。吉姆几乎没有完成他选择的活动,因此他从中学到得很少。

图中的数据隐藏着另一个有趣的发现。根据标准化的成绩和能力百分比,保罗是班上能力最强的学生。他对教师管理的活动依赖最小,而主要依靠同伴对话和自创活动进行学习。泰恩的能力最差(基于标准化的成绩和能力百分比），她对教师管理的活动依赖最大，对同伴对话和自创活动依赖最小。

同伴关系的影响

很明显，学生在课堂上不断地在公共和私人世界之间游走，但人们通常不理解的是，同伴关系的社交世界在塑造学生学习方式和内容方面有多么强大。在接下来的摘录中，我要证明同伴塑造学生思维和学习过程的一些不同方式。

第一个也是最明显的例子是关于学生如何从彼此那里获得信息的。无论老师是否意识到这一点，在大多数课堂上，交换相关信息（答案、程序、指示）非常频繁。下面的例子是一个学习古埃及的六年级的课堂，说明了感兴趣的学生之间的自发对话可以帮助学生学习。亚当、迪恩、朱迪斯和肯尼斯作为一个团队，正在查阅资料书，查找古埃及常见职业的证据。亚当正在读法老的生活。

亚当：……你知道，当一位法老被埋葬时，总会有一场关于谁将成为下一位法老的战争吗？

迪恩：为什么？

朱迪斯：因为他们没有孩子。

亚当：不知道他们生孩子的时候在医院做了什么。

迪恩:做和我们在这里做的同样的事情。

朱迪斯:他们没有医院。

肯尼斯:他们唯一拥有的就是助产士。

迪恩:是的,我知道。

朱迪斯:哦,是的,助产士……

他们的谈话变成了关于防腐的讨论,直到朱迪斯把讨论带回到出生的话题。

朱迪斯:不过她们得忍受所有的痛苦,对吧?

迪恩:什么?

朱迪斯:她们生孩子的时候。

肯尼斯:什么?那时她们没有像安眠药之类的药品。

在这次交流中,肯尼斯向其他学生介绍了他们不知道的一个职业(助产士),其可能存在于古埃及。这段对话或多或少完全是自发的。它源自这些学生的兴趣和他们对古埃及生活的看法。

在下一个例子中,学习南极洲这一单元的六年级课堂上的学生正在写一篇报告,内容是关于客座嘉宾在南极洲的经历的。虽然学生在写各自的报告,但老师并不阻止他们互相帮助。在这个例子中,学生们坐在一排桌子旁。吉姆想知道如何拼写"南极洲"这个词。

吉姆:(自言自语,但声音足够大到能被其他人听到)哦!你是怎么拼写的?

哥亚:什么?

吉姆:那个。不是"那个"这个词,而是……

蒂莉:(戏弄)T-H-A-。

吉姆:我说的不是"那个"这个词。(开始写作时自言自语)A-N-T-A。

哥亚:你想要什么?"南极洲"这个词?

吉姆:是的。

哥亚:A-N-T-A-R-。

吉姆:(开始写作时自言自语)T-A-R-。

哥亚:I-C-A。

吉姆:(自言自语)T-I-A,I-C-A。哎呀!

保罗:你们看那边(指着墙,那里有打印出的单词)。

蒂莉:(听不见)

吉姆:哦,闭嘴,蒂莉……我不听哑巴的话。

保罗:……你看那边,你看那边,你看黑板上。

吉姆:如果你不闭嘴,保罗……

保罗:(讽刺地)这是你真正可以看的地方,除非,吉姆,你查看自己的学习单和作业单。

哥亚愿意帮忙,但保罗受够了吉姆总是在他可以自助时找人帮忙。在这个例子中,"南极洲"一词印在教室周围墙壁上的几个地方,吉姆在以前的报告中也曾使用过。吉姆对保罗和蒂莉的评论很敏感,因此他对这两个人充满愤怒。对于阅读和拼写能力有限的吉姆来说,获得同伴的帮助是一个雷区。在这一交流过程中,学生为获取课堂活动所需的知识发挥并发展各自的作用。这次的交流证实,保罗知道大部分必要的知识,吉姆被视为傻瓜,哥亚是个益友,等等。

在下一个例子中,图伊展示了他是如何从同伴那里获得信息的。作为天气单元的一部分,老师要求学生在教室外记录风向、风速、温度和云的类型。图伊试图以他通常获取想要的物品的方式获得他需要的信息。

图伊:(对着蒂姆)云看起来像什么,蒂姆?云看起来像什么?云看起来像什么?想躲起来吗?那么,这些云看起来像什么?云看起来像什么?

过了一会儿,他回到蒂姆那里,纠正他自己的风向记录。图伊不理解"风向"是什么意思。它是风吹向的方向,还是风吹来的方向?

图伊:见鬼,我做错了。风,风往哪个方向吹?风往哪个方向吹,蒂姆?

蒂姆:风往哪个方向吹?那个方向。

图伊:风往那边吹?那边是北边?嗯?南边?嗯?那个是南边?嗯?嗯?蒂姆?

蒂姆:它是怎么从那个方向来的?

图伊:我不知道。是往那边吹。它来自北方。对。

虽然图伊试图欺负蒂姆,但蒂姆故意利用图伊的困惑,破坏图伊的权威,让他感到困惑。

在这个课堂的社交背景下,图伊通过强迫他人提供他需要的知识来解决他缺乏知识和理解的问题。他学习的内容和方式依赖于他的社会地位,他在课堂外和课堂内都强势保持着这种地位。

在天平的另一端,学生可以促进彼此知识的增加并发挥合作作用。

当老师要求学生在小组活动中列出尽可能多的与天气有关的词汇时,学生会进行以下讨论。其中有人建议"雪",但玛丽反对。

玛丽:不,不是雪。

格伦:新西兰不下雪。

简:不下雪。

格伦:克赖斯特彻奇不下雪。

简:只在山上下雪。

格伦:还有库克山。

简:是的。

格伦:还有埃格蒙特山和有山的地方。

简:我喜欢埃格蒙特山。我去过那里。我有一件埃格蒙特山的T恤。

格伦:特卡波山?

简:是的。

玛丽:上个星期五下雪了。上个星期五。那是一片乌云。

简:云是,嗯……

格伦:绵羊云。

简:是的。绵羊云,都是蓬松的绵羊云。羊羔云。

一个学生的想法会引发另一个想法,而另一个想法又会引发新的想法。作为一个群体,这些学生喜欢对方和彼此的想法,尽管讨论的方向已经与老师的意图无关。

处理分歧

当学生遇到与自己的想法不一致的观点时会发生什么？图伊想用声音压倒反对意见，利用他的权威坚称自己是对的。他的小组正借助温度计测定教室外的温度。

学生1:(为小组记录天气)几度(摄氏度)？

图伊:17。

学生2:不,不是(拿温度计)。

图伊:看那个(伸手去拿温度计)。我的眼睛不会骗我。

学生3:现在是17度。

图伊:在这里。

学生3:哦,它下降了。

图伊:给我,否则有人要吃苦头了。

学生3:现在16度了。

图伊:举起来。

(争论持续了半分钟。)

图伊:是17度。那里是15度(指向温度计上的刻度),所以这是16度,这是17度。好吗？知道了？

学生2:是15度。

图伊:搞定了。(开始唱歌)哒哒哒哒哒哒……

相反,吉姆和本通过证据解决了他们的分歧。他们一直在共同努力,列出南极洲需要的各种职业。他们的列表中已经包含了"队长"一词,吉姆建议使用"向导"。本不同意,他声称队长的角色意味着向导的角色。

吉姆:嗯,向导,向导。

本:有点像队长?

吉姆:不,因为探险队的队长是一个领导者。他只是,向导知道所有的东西在哪里。探险队队长不知道……

本:一个探险队的队长必须知道所有的东西都在哪里,否则他就不会是一个探险队队长,因为他应该在这里带领着他们,并告诉他们去哪里。

吉姆:是的。

本:他是最有经验的,所以他应该是向导。

吉姆:是的,但首先他们需要一个当地的向导。当他学习的时候……

本:嗯,他在学习的时候不可能当队长。

吉姆:是的。

获取资源和信息

无论能力如何,女孩获得资源和信息的机会往往比男孩少。艾丽是厨房化学单元的成绩优异的学生,积极参加全班课程和大多数小组活动。但正如她后来告诉访谈者的那样,当她与一群男孩一起工作时,她几乎没有机会参与。①

艾丽:那不太好,因为他们大多是男孩。我是小组里唯一的女孩,内德很专横。他觉得自己很酷,所以他不给别人参与活动的机会。

在一个五年级和六年级混合班的空间单元课上,老师给学生时间独立完成选定的阅读和写作任务。艾比,一个成绩很差的学生,很快从书桌上拿了一本《太空之路》的诗集,坐下来阅读。布罗克从她的桌子上拿起了《太空之路》这本书。

艾比:干什么?

布罗克:我们需要这个。

艾比:我也需要。

布罗克:哦,臭鬼,我们能看一下吗?是的,你应该看。

艾比放下了《太空之路》这本书,布罗克拿走了它。②

在阿兹特克人这一单元的一个开放活动中,要求五年级和六年级混合班的学生写开放式和封闭式问题,然后他们尝试通过阅读来回答这些问题。内德是一个成绩较差的男孩,他想让杰夫为他明确方向,但没有成功。③

内德:必须每页都要提出一个问题吗?

---

① 这个信息来自纳托尔的学习项目的第16项研究,被报告在苏珊·柯林斯的博士论文中(Collins, 2005, p. 371)。

② 这个信息来自纳托尔的学习项目的第17项研究,在维罗妮卡·奥图尔的博士论文中得到了呈现(Veronica O'Toole, 2005, p. 339)。维罗妮卡·奥图尔参与了该研究的数据收集和分析。

③ 这个信息来自纳托尔的学习项目的第17项研究,在苏珊·柯林斯的博士论文中得到了呈现(Collins, 2005, p. 253)。

杰夫:什么意思?

内德:就像是你写了一个问题,然后就那一页去写所有你要写的东西。

杰夫:H小姐从来没有说过,所以……

内德:什么?

杰夫:H小姐从来没有说过,所以……

内德无法从杰夫那里得到明确的回答,于是问另一个男孩,但也没有得到更好的结果。最后,他问了一个女孩,从科斯蒂那里得到了一个明确但不正确的答案。

内德:帕特,你每页写一个问题吗?

帕特:我不知道。

内德:科斯蒂,是不是每页都要问一个问题?

科斯蒂:不,你要写下一堆问题。

内德:谢谢!

学生的许多知识来自同伴

从这些交流中得出的重要启示是学生获得的很多知识来自他们的同伴,而当这种学习发生时,它隐藏于他们的社交关系中。通常,那些有地位的学生知道答案,并控制着信息和材料的获得。那些没有地位的学生可能只能获得有限的信息和材料,要获得答案,必须提供一些东西作为交换。这些社交关系不断变化,学生必须在课堂上花时间维护和/或改变它们。

下面的例子记录的是在学习南极洲的六年级课堂上,学生在座位上完成一项个人任务。接下来是他们观看第三章的录像带。学生尽量压低声音,窃窃私语,观察者不太可能注意到发生的事情。讨论的主题是交换男朋友。

莉:(听不见)如果你想交男朋友,就认真点。

泰恩:是的,但这不是为了我,我只是……因为内尔说——哦,别担心。但内尔没有计划。内尔说她想;内尔说她想让约翰离开你,把他交给莫德。

莉:嗯,她没有权利这么做。

泰恩:嗯(耸耸肩,把一张纸扔到莉的桌子上)。哦,不,我不得不,我会……告诉内尔。我会……什么?

莉:(耳语,听不见)

泰恩:(耳语,听不见)

莉:(耳语,听不见)

泰恩:你什么意思(听不见)不,好吧,全部……(开始哼唱)"你真的想要我吗,宝贝?"

这展示了课堂的世界,在这个世界里,学生的头脑中不仅仅有课程内容,还有很多别的东西。

通过同伴互动塑造自我概念

学生的课堂体验,特别是与其他学生的互动,不断塑造关于自己能力和价值的概念。在工作记忆中进行的评价过程不仅与体验内容的有效性有关,还与体验者的有效性(或能力)有关。反过来,这个过程似乎是基于一个不断比较的过程,因为学生在公开场合和私人场合听到其他人讲话,并判断他们是否可以说同样的话或回答相同的问题。瑞塔,是学习天气单元的班级里的一个女孩,在学校的表现很好,但不相信自己的能力。在图 4.2 给出的例子中,老师一直在讲如何阅读天气图,并介绍了"气压"的概念。

公开讨论	私人对话
老师:气压的另一个词是什么?如果我们不理解压力,另一种解释压力的方法是什么?瑞塔? 瑞塔:空气有多重。	
老师:就这么简单。苏,你听到她说的话了吗? 苏:没有。	瑞塔:(自言自语)我答对了!
老师:瑞塔,再说一遍。 瑞塔:空气有多重。	
老师:是空气的重量。我们可以使用什么测量空气的重量?……	瑞塔:(对着同学耳语)我甚至不知道这是对的。

图 4.2 关于气压的课堂讨论

瑞塔和其他学生一样,根据老师判断正确的其他学生的答案来评估自己的答案(无论是说出口的还是大脑中的)。正是这种不断的评估让学生知道他或她是否理解并知道老师的期望。在下一个例子中(图 4.3),瑞塔自言自语,低声说着自己的想法。她没有说也没有写答案。

公开讨论	私人对话
老师:银色的东西叫什么?有人知道吗? 学生:汞。 老师:对不对?它被称为汞。毫无疑问。在古代曾被称为水银。你为什么认为它叫水银? 学生:因为里面有银。	瑞塔:(自言自语)很好。我当时就知道了。 瑞塔:(自言自语)哎呀,我答对了!

图 4.3 关于汞的班级讨论

下一个例子(图 4.4)深入洞察了同伴关系的世界,其中一个学生(乔)似乎有意破坏周围人的自我概念。这个例子来自纽约的一个社会科学单元。老师开设这个单元的意图之一是帮助她的六年级学生了解种族群体是如何发生冲突的。老师正在讨论移民到纽约的问题。

公开讨论	私人对话
老师:他们叫美国印第安人。事实上,他们被称为曼哈顿印第安人。白人、欧洲人,经常想得到价值连城的东西。来自英国的船只,或者帆船……他们现在想去哪个印度群岛?	乔:(自言自语)印第安人。 乔:(自言自语)白人。 杰米:哦,闭嘴! 乔:(自言自语)白人,黑人,萨摩亚人,他们要打板球,杰米。 杰米:闭嘴! 乔:够了,杰米。

图 4.4 对曼哈顿印第安人的讨论

这一插曲似乎引起了乔的兴趣,一两分钟后,他开始干扰他的另一个同学德里克(图 4.5)。

公开讨论	私人谈话
老师:我想是约克公爵。1776 年。卡罗琳,这个日期有什么重要意义? 卡罗琳:是关于美国的什么事吗? 老师:美国的什么事?(转向全班)谢谢。今天我们有很多健谈的人。	德里克:(刚刚被乔从课桌下踢了一脚)白痴!滚开! 乔:你先踢我的! 德里克:我没踢你,垃圾。 乔:我不是垃圾! 德里克:哼!

图 4.5 关于建立纽约的班级讨论

然后乔尝试了另一种方式来侮辱德里克。在课堂讨论结束后,学生回到座位上时,发生了这样的对话。

乔:(对着德里克)闭嘴!天啊,你真傻。

德里克:证明一下。

乔:现在我就要证明你很笨。

德里克:证明一下。你不知道。

乔:好的。我会的。16 除 59 等于多少?

德里克:你做吧。我不知道。

乔:我在问你,

德里克:你证明一下。

乔:好的。我会的。傻瓜。你做。我会杀了你。为什么不呢?你甚至不知道 1 是什么。你认为 1 是什么?天啊,你真傻。

在接下来的 10 分钟里,乔每时每刻都在对德里克耳语:"天啊,你真傻。"

特别令人难过的是,乔是一个成绩不好的学生。但他持续不断地辱骂他人,显然老师没有意识到。

当学生体验课堂时,我们注意到学生之间影响彼此学习体验和自我概念的许多不同方式,以及同伴之间的互动如何影响他们与教师管理的活动的互动方式,有太多迷人的地方吸引我们去探索。但是,到目前为止给出的例子应该能够充分说明影响学生学习和自我概念的因素。

能力在学生学习中扮演什么角色?

在完成这张学生学习的全景图之前,我想向大家介绍学生学习的另一个重要方面。当我们学会通过分析学生的体验来预测他们的学习时,我们没有注意到他们的能力(反映在他们的标准化成绩和能力分数中)。我们发现,在有足够的相关体验时所有的学生都能学会所学内容,而在没有这些体验时他们不能学会所学内容。我们考虑到了我们在预测学习时所犯的错误在某种程度上与学生的能力有关的可能性。例如,我们的程序可能低估了能力更强的学生的学习,他们可以从较少的体验中学习;或者我们可能高估了能力较差的学生的学习,他们可能需要更多相关的学习体验。然而,我们发现在预测学习时所犯的错误与学生的能力无关,这让我们得出结论,即学生的学习与通过标准化阅读、听力理解、词汇和数学测试来衡量的学生能力无关。由于这些测试与智力测试高度相关,因此它们是学生学术能力的良好指标。

然而,现在情况变得更加复杂。虽然可以在不考虑学生能力的情况下预测学生的学习情况,但我们发现能力较强的学生通常比能力较差的学生学到的更多。他们一开始有更多的背景知识,最终在单元结束成绩测试中获得更高的分数。图4.6和4.7显示了六年级学生学习南极洲单元和五年级学生学习关于光的科学单元的测试结果(通过访谈补充)。学生个体的柱状图由学生已知项目(即在预测试中正确掌握的项目,在柱子的底部)、学生在本单元中学习到的项目(在柱状图的中间)以及他或她从未学习或错误学习的项目(在柱状图的顶部)组成。每位学生在后测中获得正确的项目数是已知项目数和在单元中学习到的项目数的和。

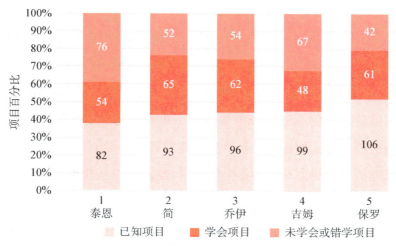

图4.6 南极洲单元已知项目、学会项目和未学会项目百分比

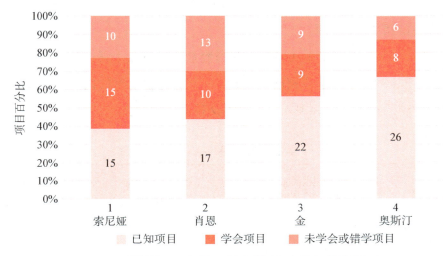

图 4.7 科学单元已知项目、学会项目和未学会项目百分比

从图 4.6 中可以清楚地看出,保罗拥有最多的先前知识,并且在后测中知道得最多。泰恩的先前知识最少,后测得分最低。图 4.7 中的模式(对于学习科学单元的班级)是相同的,除了索尼娅,相对于她的先前知识,她在单元中学到的比预期的要多。

这些是我们习惯于在课堂测试结果中看到的数据类型,我们通常将这些数据解释为能力较强的学生比能力较弱的学生学得更多。然而,我们所有的研究证据都指向这样一个事实:如果两组学生都有相同的体验,低能力的学生和高能力的学生学到的东西一样多。

为了弄清楚这一明显的矛盾,我们需要考虑几件事。首先,我们在图 4.6 和 4.7 中注意到,我们在学完单元后进行的学习测试(后测)中得到的结果既反映了学生的已知知识,也反映了他们学到的知识,其中他们的已知知识占比例最大。换句话说,后测更可能反映先前知识,而不是他们正在学习的知识。

第二,学生在一个单元中学习的内容在很大程度上是独特的。即使他们在同一个班级,参与相同的活动,一个学生所学到的内容与其他学生所学到的也不一样。表4.1列出了这种独特性的程度。

表4.1 学生先前知识和学习内容的独特性

学生	能力(标准化测试的平均百分比)	专有先前知识的比例	专有习得项目的比例
南极洲单元Ⅰ			
布鲁斯	94%	22.2%	48.7%
彼得	50%	9.3%	58.5%
克莱尔	43%	14.9%	53.6%
罗斯	13%	17.9%	59.5%
泰塔	9%	10.6%	51.3%
南极洲单元Ⅱ			
保罗	89%	19.7%	57.5%
简	83%	17.5%	50.0%
乔伊	70%	16.8%	44.1%
吉姆	56%	15.4%	50.0%
泰恩	34%	16.3%	47.0%

续表

学生	能力(标准化测试的平均百分比)	专有先前知识的比例	专有习得项目的比例
科学单元			
奥斯汀	85%	53.8%	87.5%
卡琳	64%	45.5%	88.9%
肖恩	46%	23.5%	80.0%
索尼娅	26%	20.0%	86.7%
社会科学单元			
杰瑞	73%	62.1%	65.6%
爱丽丝	68%	50.0%	62.1%
维里蒂	28%	38.1%	84.6%
肯特	25%	51.9%	65.0%

本表右侧一栏列出了每个学生学到而其他学生没有学到的项目的百分比。例如,在南极洲单元的第一次课中,在每个学生所学到的内容中,只有略高于50%(48%至59%)的内容是其他学生未学会的。这种独特性在科学单元中要高得多(80%到89%)。我们可以说,几乎每个学生在科学单元所学会的每一个东西都是该学生所独有的,是其他学生所不掌握的。尽管学生的学习因班级(或课程单元)而异,但任何一个学生所学会的大量内容与其他学生所学会的内容大不相同。表格中间一栏中的数据也显示了学生在有多少共同先前知识方面的类似变化,并且这

种学习的独特性与学生的能力没有任何关系。

第三,学生个体在如何利用现有资源和创建自己的学习活动方面存在很大差异。在第三章中,我们在学生学习"南极洲是最干旱的大陆"的例子中看到,乔伊和泰恩之间的关键区别如下:

a. 泰恩参与了和邻桌传递纸条,而不是观看视频。

b. 乔伊正在参加一个关于南极洲是否下雨的小组讨论。

c. 乔伊选择在她的报告中写"南极洲是最干旱的大陆"。

这些例子的差异显然很小,但它们的累积效应却很显著。关键因素之一是学生的背景知识和兴趣水平。在下面的例子中(图 4.8),内尔、保罗和本进行了一次关于动物需要什么才能生存的课堂讨论,是私下进行的。

公共讨论	自言自语和与同学交谈
库尔特:你认为它们会,动物会仅仅靠水存活吗? 老师:好的。那么,你能不能,你能不能只靠水生活呢? 学生:不能,你需要维生素之类的东西。 学生:可以,但存活的时间不长。 哥亚:你可以,但你需要固体食物和维生素。 老师:对。所以如果你只是依靠水,你的寿命会比较短,是吗?	保罗:(自言自语)你不能。 内尔:(私下对着保罗和本)五天。 保罗:不,只有半天。三分钟,三天,三周。 本:(听不见)不喝水可以存活三周。没有食物只能存活三天。不不不。没有食物只能活三天,没有食物只能活三周,没有水只能活三天,什么都没有只能活三天?

图 4.8 内尔、保罗和本参与的课堂讨论

老师中断了关于依靠水生存的讨论,但内尔、保罗和本在这方面知道很多并想分享。如图 4.8 所示,这种自发的谈话通常有助于学生的学习,但有时会导致学生的严重误解。

另一个重要的因素是学生对所做任务的理解。通常,由于教师很少解释活动的学习目的,学生最关心的是完成任务,而不是如何完成。关键标准是用的时间与其他人一样长,或略短。过快地完成一项活动可能会引起老师的注意。因此,不断地与其他学生的进展进行比较变得很重要。下面的例子既说明了对完成活动的关注,也说明了在成绩不好的学生中持续不断的地位争夺。

泰恩:你是 5 号吗?

莫德:是的。

泰恩:该死的!

莫德:我快到 6 号了。

库尔特:我最多 6 号。

泰恩:(对着库尔特)哦,是的,就是那一天。(看着库尔特的作品)哦,是的,你是!

库尔特:啊哈,泰恩!哈哈,哈哈!

莫德:(嘲弄地模仿泰恩)呵呵,泰恩说,"那就是今天",他们说,"是的",然后她看着,并说,"哦,该死的"。

本章还探讨了学生创建和管理自己学习活动的许多其他方法。上面给出的一些关于同伴关系影响的例子可以解释为学生创造和管理彼此学习机会的方式的例子。

通过教师管理的与同伴管理的课堂体验世界的复杂互动,有些学生比其他学生学到的更多。这不是因为他们学习得更快或更高效,而是因为他们的文化背景、兴趣和动机以及管理他们的社交关系的技能,他们为自己创造了更多的学习体验。

关于学生在课堂中的学习我们知道些什么?

关于课堂的普遍观点是教师为学生提供一系列的活动。有些学生认真参与到活动中,学到了很多;有些学生没有完成活动或做得不好,因此学到的不多。这一假设似乎是所有学生都体验了本质上相同的活动,并根据他们的动机或能力开展学习。因此,如果鼓励教师使用更多的开放式问题,或提供更多的积极反馈,则假设这将以几乎相同的方式直接转移到所有学生的体验中,并假设学习多少是参与课堂活动的自动结果。学生如果按照教师的要求去做,仔细地按照说明去做,完成任务的各个方面,那么就会学到教师所期望的内容。

然而,我们的研究表明,几乎所有的这些假设都是不真实的。由于背景知识和技能的巨大差异,动机和兴趣的差异,以及不同的同伴关系和地位,每个学生以不同的方式参与设定的任务。此外,无法保证以教师希望的方式参与课堂活动就能学习。学生需要与相关内容进行几次(三次或四次)不同的互动,才能在他们的工作记忆中处理这些内容,并将其整合到长期记忆中,从而使其成为知识和观点的一部分。由于教师通常不会在设计活动时考虑到这一点,其结果是,在相同的课堂活动中,学生学到或未学到截然不同的知识。

我一直认为,大多数教师在设计和管理课堂活动时都具有高度的创造力并足智多谋。许多人在激发学生兴趣、激励学生以及管理学生课堂行为方面做得非常有效。但根据这项研究,创造力需要以不同的方式引导。需要考虑的重要因素包括:

- 背景知识的差异以及学生对任何任务的理解和误解的重要性。
- 同伴关系和地位的持续力量决定了学生做什么,以及他们如何评价自己和其他同学在课堂活动中的参与情况。
- 需要不断监控学生从他们的活动中学没学到知识,并作出相应的回应。

如果这一章没有超出我的预期,我不仅将更多地讨论学生学习活动内容的方式,而且还要讨论学生学习参与活动的方式。在第一章中,我描述了坐在课堂上学习,无论我们喜欢与否,我们都被动地接收知识。学生在课堂上学会被动接受。在实践活动中,他们可以了解到,自己发现的东西总是错的,必须被告知要学习什么。实验的正确结果附在在教科书的后面。当了解学生对其课堂体验都记住了哪些内容时,我们发现课程内容包含在体验之中,这意味着学生对活动的体验与预期的课程内容一样都是他们所学的内容。事实上,有时对任务本身的记忆比对设计用于教学的内容的记忆持续的时间更长。我将在第五章对此进行详细介绍。

对教学的启示

本章明确指出,同伴是学生学习的一个主要因素,即使在运行最好的教室中也是如此。在我们研究的所有班级中,老师采用全班、小组和个人活动的混合方式开展教学。正如所料,在小组活动中,同伴互动的频率明显较高。但在个人活动和全班活动中,仍然存在持续的同伴互动。

这一发现提出了一个重要问题,即教师如何才能而且应该最有效地管理课堂。如果学生学习的重要内容是通过非正式的、常常是自发的同伴互动学习的,那么老师应该怎么做?在研究文献中有两个答案。一个是让教师更多地参与同伴文化,并巧妙地与之合作,以管理每个学生的学习机会。另一个是教师创造一种强大的课堂文化,以超越自然形成的同伴文化。

融入同伴文化

多年来,研究人员一直热衷于研究学校中自发群体的形成,以及学生如何确定自己的地位和角色。已设计的调查问卷可以让教师确定学生在班上的相对地位和受欢迎程度。那些相信老师并知道课堂上不允许言语和身体虐待的学生,可以公开地表达他们对其他学生的看法和感受。我们鼓励教师在确定班级座位模式和组建小组进行小组工作时利用这些信息。然而,随着学生进入青春期,他们对自己是谁、能做什么感到越来越不安全,获取此类信息也变得越来越困难。

米恩及其同事(例如 Mehan, Okamoto 和 Adam, 1996)对理解与利用每个学生的学业和社交优势的必要性进行了有趣的研究。他们发现,在教师眼中,学业成绩是成功的唯一标准的班级,倾向于形成一种固定的同伴等级地位体系。在这种体系中,在学业上取得了成功的学生总是高高在上,并不断贬低那些不太成功的学生。在强调各种不同技能的班级中,每个学生都有他或她可以成为专家或领导者的活动,也很少拉帮结派(另见 Morine-Dershimer, 1985)。虽然同伴文化在很大程度上独立于学校文化,但教师可以通过有意或无意地授予特权和地位的方式对其产生强烈影响。

接近学生和他们隐藏的同伴文化会引起伦理与教学方面的担忧。与在同一天给多个班级上课的高中教师相比,小学教师在大多数工作时间都与同一班级的学生待在一起,他们更容易理解同伴文化。但是小学教师应该深入到什么程度?学生当然有自我保护的权利,其中包括有权选择另一种文化,在这种文化中,他们可以免受教师的伤害。教师应该在他们生活中最亲密的方面介入多深?只有当我们更好地理解同伴文化的本质、它如何发展、它如何持续以及它到底由什么组成时,我们才能回答这些问题。

营造强大的课堂文化

在过去的几年里,有很多关于进行小组教学的研究。其中有很多研究试图为发展高效的小组提供指导原则,他们强调必须在有效小组中培养学生讨论和解决问题的技巧。这项研究似乎表明,有效的小组活动需要学生掌握一套态度和观点。换言之,有必要将课堂发展为学习社区。但考虑到这一诱人的想法本身就能写成一本书,很遗憾,它超出了这本小型专著的范围。

第五章 学生如何从各种体验中学习

本章旨在更深入地探讨学生的学习方式。在第三章中,我举了一个例子,说明了三名学生是如何学到或未学到"南极洲是最干旱的大陆"这个知识点的。要警惕的是,这是一个非常简单和清晰的例子。大多数时候,学生的体验更为复杂,他们遇到的往往是不完整的或零碎的信息,需要他们推断这些信息之间的联系。

在本章中,我会描述学生学习的复杂过程,以便更准确地认识学生的大脑是如何处理课堂体验的。在第三章中,我用以下方式描述了学生学习一个概念所需要的体验:

……为了理解这个概念,学生需要一定数量的信息。例如,这些信息可能是定义和一组明确示例的组合。学生可以通过各种不同的方式体验这些信息,或体验这些信息的不同部分。

我们发现,学生要理解一个概念,需要在至少三个不同的场合遇到他或她要理解的这个概念的全部信息。如果信息不完整,或者没有经历三个不同的场合,学生就学不会这个概念。

  这是对整个过程的简化描述,以免分散你对该章主要目的的注意。事实上,这个程序非常复杂,因为在学生的工作记忆中发生的过程比这个简单的描述更复杂。因此,本章的重点是如何从构成课堂生活的各种体验中识别有用信息,并将其连接、整合到每个学生的工作记忆中。

  我们在对来自多个教室的录音进行了全面分析后发现:学生遇到了许多不同形式的相关信息。学生偶尔能体验理解概念或观点的所有信息。我们将其描述为"清晰概念定义"。在其他情况下,学生遇到的信息没有明确包含他们理解一个概念所需要的所有信息,但他们可以(也许在帮助下)从中推断或演绎推理他们需要知道的内容。我们将其描述为"隐式概念定义"。

  其他形式的信息提供了学生需要知道的部分内容,或为他们提供了解释、示例或背景信息。这些形式的信息是最常见的,并且提供了学生的大脑如何处理学生的体验并从中学习的更好场景。

  在下一节中,我将探讨这一系列不同类型的体验,然后在后面的章节中描述我们如何将这些不同的体验纳入对学生学习的预测中。

学生体验到什么信息?

  尽管学生可能会遇到他们所需信息的完整描述,但他们并不能完全理解。在下面的例子中,一组学生正在讨论"黑色"这个概念,以回答为什么黑色纸张看起来是黑色的。玛丽读到过"当一个物体表面吸收了所有的光时,它看起来是黑色的",但她很难理解这意味着什么。

玛丽:那么我们该如何把这句话用在关于黑色的句子中呢?(她从一张信息表上读到)"如果一个物体吸收了光中所有的颜色,没有光被反射,我们就会看到黑色。"

奥斯汀:如果一个物体吸收了光中所有的颜色,没有光被反射,我们就会看到黑色。所以……?

老师:(走过来加入他们)什么是黑色?

玛丽:我知道。这就是我正在尝试回答的。我知道这意味着什么;但我不能用一句话来表达。

老师:理解了就很容易。什么是黑色?

玛丽:就像所有的光都在一起。

奥斯汀:等等,是的。它是……它是……嗯。

玛丽:所有的光都在一起。

奥斯汀:哦,我不知道。黑色就是黑色(笑)。

玛丽:所有日光中的光在一起产生黑色。

奥斯汀:黑色是……

玛丽:如果物体捕获、吸收了很多颜色,没有光被反射,你就会看到黑色。

奥斯汀:所以黑色是,等等,黑色是,黑色是由光引起的。黑色是由光被物体吸收引起的。

玛丽：被物体吸收，光线就不会反射。

老师：好的，你现在怎么想？

玛丽：黑色是因为，嗯，很多颜色全部注入到一个物体上。

在这一片段中，奥斯汀和玛丽努力用自己的话来解释黑色的定义。特别是玛丽，她努力用类比来帮助自己理解。她首先将"光中所有的颜色"描述为"所有的光都在一起"，然后将"一个物体吸收"解释为"全部注入到一个物体上"。定义中的词被连接到她工作记忆中已经理解的单词（和想法）。在将这一事件与这些学生所学的内容联系起来时，我们在其旁边加了一个问号，以表明尽管奥斯汀和玛丽已经阅读并讨论了为什么一个物体看起来是黑色的，但不清楚他们是如何理解这个概念的。

学生面临的另一个问题是如何整合他们不同的观点和想法。当给学生一项活动并需要解释他们获得的结果时，这是一个重要的问题。在下面的例子中，学生通过红色玻璃纸观察物体，并认为红色玻璃纸只能透过红光。但是，当许多人通过彩色滤光片（如彩色玻璃纸）观看时，他们的大脑会进行补充解释，他们"看到"原来的颜色，即红色，仍然可以识别。

玛丽：红色的（玻璃纸）让所有光都透过去了。

奥斯汀：透过红色？……好的。

玛丽：有些东西能透过，嗯。（听不见）

德里克：蓝色；不，另一种颜色透过了。

奥斯汀：是的，但是所有的颜色都透过了。这要看你怎么拿着，是吧？

玛丽：是的，所有的颜色，取决于你拿它的方式，所有的颜色都透过了。

奥斯汀试图整合各种不同的观点，她说："这要看你怎么拿着。"玛丽接受了这一点。尽管老师想让他们知道，红色滤光片就像红色玻璃纸一样，只能让红光透过，但这组学生中没有一个人通过自己的体验学到这一点，每个人都有意无意地误导其他人，让他们认为红色玻璃纸可以让所有的颜色都透过。

到目前为止，我们已经查看了学生可以获得所有相关信息的示例。在这些例子中，他们面临的问题是理解或解释。在下一组示例中，学生将面临另一种问题。他们得到的信息少于理解概念所需的信息，或者以不同的方式与概念相关联。这一困难意味着他们必须将信息存储在工作记忆中，并将其连接到完成或澄清整个概念所需的其他输入信息。

第一个是学生有机会推断适当信息的例子。为了理解"折射"一词的含义，莫里斯、帕特里克和肖恩正在讨论一项活动，把一支铅笔放在一杯水中，从玻璃杯的侧面观察，铅笔看起来是弯曲的。

老师：（和肖恩的团队）……当光穿过水时会发生什么？谁还记得？

莫里斯：它会减速并弯曲。

帕特里克：你从书上读到的。

老师：是的，我正想问你这个问题。你是从书上读来的，是吗？

莫里斯：是的。

老师：你说得对。但我只是想知道，我想你可能是通过折射学到的，对吗？

莫里斯和老师知道他们正在谈论折射,但观察记录显示肖恩和帕特里克并不知道。然而,他们可以推断,当光线"减速并弯曲"时,这就是折射的例子,它是建立在教师的最终评论基础之上的。这似乎是一个不太可能的推论,除非肖恩和帕特里克知道他们需要学习折射的含义,并且他们之前已经接触到了这个概念。他们需要在工作记忆中,将已经听到的关于折射的信息与本次讨论联系起来。

在下一个例子中,我们再来看奥斯汀同学,他仍然在研究当人们透过像红色玻璃纸一样的彩色滤光器观察时会发生什么。通过重复实验(通过红色玻璃纸观察不同的物体),他注意到除了红色,所有的颜色都发生了变化。

奥斯汀:(自言自语)好吧,我想这就是会这样的原因。[他写道:"我认为这是因为红光(玻璃纸)不会改变红色,但会改变其他颜色。"]

奥斯汀所做的是为自己找出他所需要的部分信息,以确定彩色滤光片是如何工作的。当他将这些信息添加到他以前的结论"所有的颜色都透过了"(见上文)中时,这个过程引导他回到正确的解释。他现在掌握了一些他需要的信息来完全理解滤光片的工作原理。这些信息在他的工作记忆中保持可用,随时可以连接到他可能遇到的任何其他相关信息。

在下一个例子中,索尼娅正在研究蓝色滤光片只允许蓝光通过。她正在做一项实验,这个实验需要她在一张纸上用不同的颜色书写单词,并用蓝色的玻璃纸观察它们。她正在用一支蓝色毡尖笔写一个蓝色的字。

索尼娅:(对着杰克)我能在她之后用它吗?非常感谢。不,我只想试试蓝色。

(索尼娅从杰克的盒子里拿出一支蓝色毡尖笔,在她的卡片上画了一条细线。她透过蓝色玻璃纸观察它。)

学生:这个行吗?

索尼娅:是的,这个可以(隐形)。

学生:我可以在你之后用吗?

(她拿着她的卡片让老师看,然后拿着她的卡片给杰克看。)

索尼娅:(对杰克)看,你看不见。你看不到我写了什么。哈!你看不到我写了什么。

这个活动没能让索尼娅知道蓝色滤光片仅允许蓝光通过。相反,它似乎意味着蓝色滤光片根本不让蓝色通过(看不到蓝色线)。因此,这项活动需要索尼娅对其进行大量的解释,以便她理解自己的发现。

有时信息以类比的形式出现,因此要求学生理解所需学习的信息和类比对象之间的联系。在下面这个例子中,学生们试图弄清楚彩虹是如何形成的。

帕特里克:彩虹是怎么产生的。当彩虹透过阳光出现在天空中。

肖恩:(阅读信息表)不,当雨滴从阳光中落下时,它们就像棱镜一样。(自言自语)棱镜,棱镜。

幸运的是,肖恩已经在这个科学单元中使用过了棱镜,并知道如何用棱镜在墙上做出彩虹状的图案。然而,在课堂讨论中常见的类比的使用总是带来同样的问题。在这种情况下,肖恩需要在他的工作记忆中获得使用棱镜的体验。然后,他必须解释这个体验,以确定棱镜和雨滴之间的联系。雨滴和棱镜都是透明的,可以在光线下闪烁。利用他的以往经历,肖恩需要确定他使用棱镜的体验中哪些可以应用于雨滴。

另一种信息来自概念或观点的示例。在下面这个例子中,学生们正在学习"凸面镜使物体看起来更小"这个知识点,他们努力想出曾看到过这种效果的例子。

肖恩:(对着帕特里克)我们在哪里使用曲面镜……时装店、公共汽车、船、医院。医院有时也有,嗯?镜子屋。

帕特里克:镜子屋?

肖恩:镜子屋。你知道嘉年华的镜子屋吗?

帕特里克:你看到过,你去过那家老农场主商店的一个(听不见)吗?他们是怎么有那些大镜子的,让你看起来又高又瘦又大?

帕特里克:这就是所有的例子,不是吗?

肖恩:不不不。走过,嗯,走过笔直的拐角。走过一些拐角处。

帕特里克:哦,是的,那些大镜子。

肖恩:因为当你看到那些拐角的时候,你就会知道。

帕特里克:哦,是的,如果你爬山的话。

关于示例的讨论的价值在于,它将概念(凸面镜使我们看起来更小)与学生的校外体验联系起来。对于肖恩和帕特里克来说,他们目前在工作记忆中保存的关于凸面镜的信息与他们在长期记忆中存储的相关体验有关。建立这些联系使他们早期的体验与一组新的技术术语(凸面、光弯曲等)联系起来,这些术语解释了曲面镜的工作原理。

最后，我们发现，老师有时使用讨论的方法来让学生产生兴趣并思考一个话题，而不提供具体的答案。在下面的示例中，老师正在帮助学生思考当光线穿过透明、半透明和不透明物体时会发生什么。她使用的不透明物体是一本书。

老师：当光照在那本书上时会发生什么？

莫里斯：它停了。

肖恩：它停了。

帕特里克：它只是变白了。

卡莉：它不能通过。

维里蒂：太厚了。

帕特里克：它只是保持原样。

肖恩：是的，这本书太厚了。

老师：那么当光到达那里时，它到底发生了什么？

肖恩：它停了。

帕特里克：它散开了。

肖恩：越来越小了。

帕特里克：它越来越大，越来越宽……因为现在它无处可去。

老师：好的……

每个学生在工作记忆中有各种各样的想法，这些想法可以用来得出所需的信息（光被不透明物体反射回来）。但所有的学生都需要进一步的相关信息来理解这一讨论。因此，在很多情况下，学生将信息片段存储在工作记忆中，等待新的信息来帮助他们整合与理解这些片段。

关于工作记忆发生过程的个案研究

为了进一步探索工作记忆中发生了什么,我想讨论一个女孩学习"折射"一词含义的例子。在这个关于光的科学单元中,学生必须开展一系列的活动。其中一些是帮助学生理解折射是如何发生的。教师的目的是让学生理解折射的概念,以及折射在许多常见体验中所起的作用,例如放大镜如何工作、是什么导致了海市蜃楼等。为了聚焦主要的学习过程,我对这个案例进行了大幅度的简化。

第一个实验要求学生将一支铅笔放在水杯中,并从玻璃杯的侧面观察。由于光线在空气和水中传播的方式不同,铅笔在水面上看上去出现了断裂。索尼娅和她的团队一起进行了实验,并在笔记本中画出了她看到的东西。不幸的是,她看到的是水的放大效果,而不是断裂效果,所以她画的是图 5.1 所示的效果。

然后,索尼娅阅读了实验说明,其中要求她描述:"铅笔的形状和大小是如何变化的?画出你看到的景象并贴上标签。"她在草图下面写道:"我们做的事情如下。我们把杯子装满水,把铅笔斜放进去。插入一半的时候,铅笔变胖了。"接下来,她进一步阅

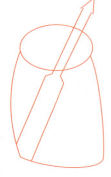

图 5.1 索尼娅画的在一杯水中的铅笔

读了实验说明,要求她解释观察到的效果。她重复了实验,看着杯子,大声地自言自语:"为什么我们认为它发生了,因为当它发生时……"坐在她旁边的朋友爱丽丝试图帮助她。

爱丽丝:水是一面镜子。

索尼娅:水是一面镜子吗?

索尼娅:(开始写"水是……"然后问爱丽丝)镜子怎么写?镜子怎么写?

索尼娅在报告中的完整句子是:"为什么我们认为它发生了。因为当它进入水中时,水就像一面镜子,所以它会变得更胖。"

这里发生了两件事。第一,索尼娅认为"为什么"问题的答案是杯子里的水。如果没有水,就不会发生这种效果。这是一个完全合乎逻辑的答案,但不是老师希望的那种"科学"的答案。第二,爱丽丝向她介绍了这样一个观点,即水的光泽表面才是重要的。水面像一面镜子。索尼娅的工作记忆中发生了什么呢?她对水中铅笔的感知与她对水和镜子(例如,它们反射)的了解有关。她将她所看到的景象解释为水的结果:不管怎么说,水放大了铅笔。

不久之后,索尼娅遇到了困难,即要解释她不理解的东西。按照实验说明的要求,她要回答这个问题:"是什么导致了光线弯曲(折射),就像你在活动中看到的那样?"问题是索尼娅还没有遇到"光线弯曲"或折射的概念。从她说的其他事情来看,索尼娅显然认为光是一种普遍存在的物质,来自太阳,白天包围着我们,晚上消失。

因此,为了理解这个问题,索尼娅必须找到一种方法,将她对铅笔的看法和她对水作为镜子的解释与所谓的"光线弯曲"联系起来。她的反应是问老师。但是老师想让索尼娅自己解决这个问题,并让她看一张说明光线弯曲的信息表。然而,索尼娅似乎并不理解老师的意图。她回到工作台,又读了一遍原来的问题。

索尼娅:"是什么导致了光线弯曲(折射),就像你在活动中看到的那样?"什么会导致光线弯曲? 水使光线弯曲。

凯莉:是吗?

索尼娅:是的,因为……噢,对不起。光线弯曲……(她看着桌子上的一杯水)水使它看起来像那样。

凯莉:(听不见)

索尼娅:没有,但是……是的,水正在使……

凯莉:是真的(听不见)吗?

索尼娅好像正在处理"光线弯曲"的概念,将其同化为她之前的结论,即水是她在杯子里看到的现象的原因。因此,"光线弯曲"的概念(索尼娅用这个术语理解的东西,如果有的话)被添加到她工作记忆里已经建立的联系中,即她对铅笔、水、镜子、反射和放大的感知之间的联系。

几分钟后,老师经过了索尼娅和凯莉的工作台,问她们是否读过信息表。

老师:(当她经过她们的桌子时)你们两个拿到信息表了吗?

索尼娅:(拿起信息表,读给凯莉听)"为什么光线会弯曲?"我们从这里开始。"光线移动得更慢。"你写下这个答案了吗?"光在水中的速度比在空气中的速度慢。当光束进入水中时,它会减速并弯曲。当它重新进入空气中时,光束再次加速。"

凯莉:加速?

索尼娅:"再次加速并弯曲。这称为折射。"这就是答案!你必须写下"光线弯曲是由……"。

凯莉:记住,她说的是光线弯曲……

(索尼娅自言自语并写道:"是由水造成的。")

虽然索尼娅向凯莉读了关于光线弯曲的解释,并告诉凯莉她必须把它写下来,但索尼娅却坚持自己原来的解释,并写下水导致光线弯曲。她读的内容使她面临一系列新概念,即光是一束移动更快或更慢、弯曲的光束。她没有试着去理解这些新概念,而是坚持自己原来的解释。她这样做的原因将在稍后的讨论中解释。

几分钟后,索尼娅在实验说明上遇到了另一个她必须回答的问题。问题是:"当涉及眼镜、双筒望远镜和相机的镜头设计时,了解折射有多重要?"索尼娅还是认为,她不知道如何回答这个问题。"折射"这个词以前曾与"光线弯曲"联系在一起,因此在她的工作记忆中,它与她对铅笔的感知以及水、镜子、反射和光线弯曲的概念联系在一起。但她找不到与眼镜或望远镜的联系。她决定向老师寻求帮助。

老师:对。你要知道折射意味着什么,知道吗?你知道折射意味着什么吗?

凯莉:是的,当光线穿过后又反弹回来。

老师:好的。能不能用一种简单易懂的方式来解释折射是什么意思?

索尼娅:反弹。

老师:嗯。除了反弹还有什么别的词吗?

索尼娅:反射。

老师:(参考信息表)看看这张表,看看还有什么词。

索尼娅:弯曲。

老师:好的,那么你认为折射是关于什么的?

索尼娅:弯曲。

老师:好的,你要看一下(信息表)。这里是折射,弯曲,不是吗?

索尼娅:是的。

老师:现在,你有什么问题吗? 当设计眼镜、望远镜和照相机的镜头时,重点在哪里呢? 你认为会发生什么呢?

凯莉:反射阳光(听不见)。

老师:这里(信息表)有没有关于这方面的内容(反射)? 没有,根本就没有,是吗?

在这次讨论中,索尼娅的工作记忆里有这些词汇(反射、弯曲),并重复凯莉说的话("反弹")。但在她的工作记忆中,没有任何东西能帮助她将这些概念与眼镜和望远镜联系起来。因此,她和凯莉决定不回答这个问题,转而讨论海市蜃楼的成因。索尼娅找到了一些相关信息并读给凯莉听。

索尼娅:(阅读信息表)好的。"在非常炎热的时候,你有时会看到路面上看起来好像有一滩水,尽管路面真的非常干燥。来自天空的光线被道路和附近的热空气弯曲、折射。实际上它是被折射的阳光。这就是为什么人们在沙漠中看到海市蜃楼。"就这么回事儿。

凯莉：好吧，那是什么？阳光。

索尼娅：海市蜃楼是你看到的阳光反射的东西。

索尼娅在笔记本中写下了答案："海市蜃楼是你看到了不存在的事物，因为它反射了阳光。"她工作记忆中存在的概念的意义现在很明显了。水—镜子—反射—放大这一系列相关概念仍然是她思考的中心，因此她将"折射"误解为"反射"，假设它们可能是同一回事。

过了一会儿，老师走近索尼娅和凯莉，问她们是否完成了。她们说已经完成了，除了关于望远镜和眼镜的问题。

索尼娅：除了第二个问题，其他的我们已经完成了。第二个问题很难。

老师：很难，是吗？嗯，双筒望远镜是什么做的？双筒望远镜是做什么用的呢？

凯莉：让你看到远处的事物。

老师：你觉得它们看起来怎么样？

凯莉：更大更近。

老师：好的，眼镜是做什么用的？

凯莉：让你看得更清楚。

老师：好的，相机是做什么用的？如果我使用变焦镜头呢？

凯莉：让它变得更大。

老师：好的，那么光线弯曲如何帮助物体变大呢？

凯莉：当光线弯曲时，它会让物体变大。

老师:也许吧。你去写下来吧。

凯莉:是的,当光线弯曲时,它会使东西变大。你必须把这个写下来。折射对镜头很重要。

(索尼娅在笔记本中写道:"折射在镜头中很重要,因为……"她自言自语:"因为……"然后转向凯莉:因为什么?)

凯莉:当光线弯曲时,它会变大吗?这使得……

索尼娅:那么这就是答案吗——让物体变得更大?

凯莉:因为水中的那支铅笔更大。

索尼娅:是吗?

凯莉:它使这支铅笔比那支大。

(索尼娅继续写道——"它使物体变得更大。")

索尼娅和凯莉将折射与望远镜和眼镜的关系问题与他们对水中铅笔的最初解释联系起来。水可以反射(折射)和放大。因此,索尼娅写道:"在镜头中折射很重要,因为它可以使物体变大。"她工作记忆中的水—镜子—反射—放大一组关联的概念被用来解释镜头(望远镜和眼镜)。

在接下来的几天里,索尼娅在一些场合遇到了"折射"的定义,即"光线弯曲"。这成为了她工作记忆中固定的东西。但直到学习该单元的第六天,她才遇到影响她对这个概念的理解的关键事情。这天,她所在的小组进行了一项实验,他们将手指放在一杯水里,从侧面观察。当他们描述将手指放入水中的结果时,老师要求他们解释看到的景象。

克里斯塔:(大声朗读问题)"当你的手指放在一杯水里的时候,它会看起来更大吗?"对。

索尼娅:(看着杯子里杰瑞的手指,对老师说)是的。

老师:为什么……

克里斯塔:因为水就像一个放大镜,它会使它变大。

老师:但为什么? 那是什么……

克里斯塔:它被放大了。

老师:是的,但是如果你能想出一些你以前做过的事情,也许能告诉你为什么。它确实会放大,但为什么会放大? 为什么它看起来更大了? (离开小组)

爱丽丝:因为穿过水的空气使物体看起来更大更近。然后当光线进入水中,它会变慢,它使水中所有的东西看起来都很近。

杰瑞:更大。

爱丽丝:更大。

索尼娅一直在倾听,但没有参与,她相信"水能放大"。但她也听到爱丽丝解释说,这与空气缓慢通过水中有关。

过了一会儿,老师又回到这个小组,检查他们的理解情况。

老师:克里斯塔来帮我回答这个问题。光穿过水时会发生什么……

克里斯塔:它会变慢。

老师:好的。还有其他的事情吗? 记住,当你……

爱丽丝:它使物体看起来更大,而且,嗯,它使它们弯曲。

克里斯塔:变胖。

杰瑞:变膨胀。

老师：好的，表示使他们弯曲的单词是什么？

爱丽丝：折射。

老师：说得好。好的。

在这两个片段中，索尼娅工作记忆中的水—镜子—反射—放大系列相关概念通过多次提及水使事物看起来更大而得到加强。她现在知道这与光线弯曲有关（爱丽丝："它使物体看起来更大，而且，嗯，它使它们弯曲。"），也与空气或光线缓慢穿过水中有关。当我和索尼娅（大约一周后）谈论她在单元中所做和所学的记忆时，她回忆起了她把铅笔放在水杯里的实验。

索尼娅：因为，在我们小组工作之前，我们就是这样做的。

访谈者：你做过吗？对。

索尼娅：但我想是水造成的。

访谈者：是水。你知道为什么它看起来像那样吗？

索尼娅：不知道。

访谈者：不知道。那很有趣。这是另一件有趣的事，不是吗，真的……你还记得自己亲手做过吗？

索尼娅：是的……

访谈者：如果你想知道为什么会这样，你脑子里会怎么想？你觉得自己怎么样？你为什么认为它看起来像那样？

索尼娅：因为水面就是铅笔断裂的地方，所以这可能与水有关。

访谈者：对。这是个很好的想法。那水呢，是不是在某种程度上让它看起来像那样呢？……对此你有什么想法吗？

索尼娅：但当物体进入水中时，空气流动缓慢……噢，我不知道。

访谈者：继续。我想你在这里记住了一些东西。和空气有关吗？

索尼娅：嗯。还和水有关。

访谈者：还和水有关。

索尼娅：是的。

访谈者：现在，我想知道这个想法是从哪里来的。

索尼娅：哦，因为我们在回答一个问题，克里斯塔问爱丽丝，这是什么意思，她告诉我们这与空气和水有关。

访谈者：是吗？所以爱丽丝认为……

索尼娅：我不确定是谁，我们小组中有人说了一些与空气和光线弯曲有关的话，所以它使……

访谈者：光线弯曲，所以它会……

索尼娅：所以铅笔应该是这样的。

访谈者：太好了。我想你记住了一些非常重要的事情。但对你来说还是没什么意义，是吗？

索尼娅：是的。

索尼娅的回忆反映了她是如何在工作记忆中尝试用折射的概念来整合和理解她的连续体验的。最初，这个过程涉及将新体验与现有概念联系起来。索尼娅使用了水和放大的概念——水中的铅笔变大——以及镜子的概念。这些概念带来了相关概念，例如水和镜子反射光。一旦这个概念网络在工作记忆中建立起来，它就能被用来解释连续的体验。这个过程可能涉及发展和添加新建立的网络，或者简单地将新体验解释为新网络的示例。就索尼娅而言，她一直试图将新的体验融入到她的水—镜子—反射—放大—弯曲网络中。当她第一次读到"光在水中的速度比在空气中的速度慢。当光束进入水中时，它会减速并弯曲。当它重新进入空气中时，光束再次加速"，她似乎忽略了这一点，而认同了她对水的解释。后来，她把"折射"理解为"反射"。但对她的最后一次访谈表明，她的工作记忆中仍有一些未被解读或未被吸收到她的认知网络中的残余体验。她回忆起克里斯塔和/或爱丽丝提到的空气缓慢移动并进入水中。

索尼娅的根本问题似乎是她的"光"概念。理想情况下，她的工作记忆概念网络应该包含了光的概念。但她对光的理解使她无法进行这个连接。虽然她学着去重复"光线弯曲"，但她不明白光束或光在水中移动得更慢意味着什么。因此，她无法在工作记忆中建立联系，而这些联系本可以让她理解正在学习的内容。

对索尼娅与折射概念斗争的分析应该有助于明确普通课堂中学习过程背后的原因。索尼娅的老师通过一系列相对简单的实验，比如在水杯中观察手指，努力让她的学生理解光的本质。她不停地在课堂上走来走去，观察每个小组，并在她认为有困难的地方参与进来。正如她与索尼娅的互动所示，她不是直接给学生答案，而是鼓励他们自己找出答案。然而，不断演变的误解总是难以识别，尤其是当学生在谈论时表现得好像他们理解了。

这种分析也有助于确定学生在遇到新体验、新信息并进入工作记忆时必须做的工作。第一项任务是将新体验与已知概念联系起来，来理解新体验。第二项任务是在记忆中保存新的体验,并将它们与以某种方式连接并整合在一起的连续体验联系起来。在索尼娅的例子中,我已经删除了所有关于"光"单元中发生的其他概念的体验。对整个单元完整的理解表明,当她与折射概念斗争时,她也在与其他实验中涉及的许多其他概念斗争,例如,该课程研究了光谱的颜色、滤色器、棱镜的工作原理。

预测学生学习

在最后一节中,我要介绍我们为预测学生从课堂体验中学习和记忆的内容而建立的程序。它们是基于对学生学习的分析,通过学生学习南极洲是最干旱的大陆的例子(第三章)和索尼娅学习折射的例子进行说明。这些形式化的程序(详见 Nuthall, 2001)之所以被包含在这里,并不是因为任何老师都会使用它们,而是因为对它们的理解会表明我们对学生学习的理解如何转化为相对准确的预测。这些程序还将证明:各种体验组合促成了学生学习。

当意识到学生所学的内容取决于他们遇到的各种信息时,我开发了一个系统,将这些信息分类,以帮助我理解他们工作记忆中可能发生的事情。首先,我把学生所遇到的足以让他们完全理解所学概念的体验分离出来。然后用我的方法找出所有其他可能有助于在学生的工作记忆中建立相关概念网络的信息。以下列表概述了这些不同类型的信息。它基于一个更完整的列表，其中包含许多不同的子类别，以及每个子类别在不同教室中的发生方式。感兴趣的读者可以通过网站 nuthalltrust. org. nz 访问这个更完整的列表。

1. 清晰的概念定义或描述：用学生可以理解的语言表述理解概念所需的全部信息。

2. 隐含或部分信息：包含一些关键要素但不是理解概念所需的全部要素的信息，或可以从中推断出对概念的理解的信息。

3. 附加和背景信息：原因、类比、正面和反面例子、相关个人经历、部分概念的定义。

4. 初步或背景信息：间接的相关信息；关于目的的信息、对先前信息的回顾、历史背景等。

5. 提及关键词或概念，或未给出有用的信息。

6. 活动和程序：产生、创建或旨在直接导向概念相关信息的程序。

7. 视觉或实物资源：可获得相关信息但不是关注焦点的资源，例如教室墙上的海报。

请注意，在本分析中，术语"概念"被用作教师希望学生学习的所有不同类型的知识和技能的一种概括的说法。

分析的第一步是准确地确定学生在特定课堂体验中遇到的相关信息。这个过程要求我们忽略学生明显分心的体验，例如，第三章中泰恩在观看视频过程中传递笔记和低语，或者有证据表明学生不理解体验中可用的信息。我们忽略了信息的来源（老师、一本书、另一个学生等），或者忽略了体验的类型,这些体验发生在听老师讲课、做实验、与其他学生讨论等不同情境中。重点在于学生在体验的过程中遇到了什么信息。

在最初对学生个人体验的分析中,我发现学生遇到了两种关键信息。第一种,有上述第 1 类下的编码信息("清晰的概念定义")。我将其称为 A 型。第二种,有以下几类信息:编码 2("隐含或部分信息");编码 3("附加和背景信息");(两种)编码 6("与项目相关的信息是明确且完整的任何活动或程序"/"回答项目所需信息部分是明确的任何活动或程序")。我将这些类型的信息标记为 B 类。参照这些界定,我可以按照图 5.2 所示的方式形式化地描述学生学习一个概念所需的信息。

```
If A = 编码 1 信息
And B = 或编码 2,或编码 3,或编码 6.1,或编码 6.2
Then 工作记忆必须包含
    A + A + A + A
  或 A + A + A + B
  或 A + A + B + B + B
  或 A + B + B + B + B
```

图 5.2　预测学生学会/未学会概念的规则

这可能看起来非常形式,与真实学生的课堂体验相差甚远,但我们需要使过程形式化,以说服其他研究人员我们不是含糊其辞或一厢情愿。我们需要证明,我们可以非常准确地预测学生的学习,并且没有忽视学习过程中的任何关键因素。表 5.1 显示了我们在使用这些程序时的精准程度。

表 5.1 在南极洲单元成功预测学会/未学会的概念

学生	学会概念的数量	预测学会的百分比	未学会概念的数量	预测未学会的百分比	能力（平均百分位数）
简	65 个	88％	52 个	85％	83
乔伊	61 个	82％	55 个	78％	70
吉姆	62 个	69％	53 个	91％	56
保罗	72 个	74％	31 个	74％	89
泰恩	41 个	88％	89 个	80％	34

例如，我们可以从简的经历中看出这张表的含义。在这里，我们预测她能学会 88％的她实际学到的概念。我们预测她未学会 85％的她没有学到的概念。换句话说，在我们对她学会的概念和她未学会的概念的预测中，我们的正确率分别是 88％和 85％。

两个重要结论

本章关注学生学习体验的细节。我已经从前几章较为清晰的描述转到关注学生体验的混乱细节。如果你已经阅读了本章的描述，你会注意到两件事。首先，在一天的课堂工作中，学生忙着同时理解多组概念。从成为学生知识中或多或少永久的部分的概念数量来看，所有的这些脑力工作的成功率并不是特别高。其次,你会注意到,这种持续复杂的体验处理背后是一个学习过程,它本身并不是特别复杂。如果学生能够在工作记忆中拼接出相当于一个概念的三个完整定义或描述,那么这个新概念将被构建为学生长期记忆的一部分。

第六章 种族差异与学习

在我们的研究中,有一小部分学生比如是毛利族裔或太平洋岛民。在本章中,我仔细研究了其中三名少数族裔学生的学习体验,无论是作为个人还是作为群体。在前几章的摘录中有他们的名字,但在本章中,我将重点介绍他们的课堂体验。表6.1列出了他们的一些个人信息。

表6.1 三名学生的个人详细信息和学习情况

	图伊	瑞塔	泰恩
年龄(年和月)	10.4	10.4	10.8
PAT测试的平均百分位数	11	68	48
单元之前已知概念的百分比	19.0	42.2	38.7
单元期间学习的未知概念的百分比	29.8	45.9	41.54

瑞塔,一个毛利族裔女孩,来自五年级学习天气的班级。根据PAT测试,她的能力高于平均水平(年龄平均百分位数为68)。在预测试中,

她答对了42%的项目。在后测中,她显示出自己已经学会了在预测试时未知知识将近一半(46%)的知识。

图伊,另一个毛利族裔学生,也是来自五年级学习天气的班级。PAT测试显示,他的能力明显低于平均水平(年龄平均百分位数为11)。他在预测试中的分数表明,在单元开始之前,他对单元的内容知之甚少(19%的项目),而在单元期间,他学会了近三分之一(30%)他在学习这个单元之前的未知知识。与班上其他学习天气的学生相比,瑞塔比平均水平好,图伊则比平均水平差很多。

图伊和瑞塔所在的班级位于社会层级较低的工薪阶层地区,其中非欧洲家庭占有相对较高的比例。在班级29名学生中,有10名毛利族裔、2名太平洋岛民、1名亚裔学生。

第三名学生泰恩来自七年级学习南极洲的班级。她来自一个较大的太平洋岛屿。PAT测试显示,她能力一般(年龄平均百分位数为48),但因为她是班上年龄最小的,所以与其他人相比,她低于平均水平。她在预测试中的分数显示,在单元开始前,她懂得近40%的单元内容,而只学会了她不知道的内容的40%多一点。与她的同学相比而言,她的所知所学比他们少一些。

泰恩所在的班级位于一个工薪阶层和专业技术阶层混居的区域。班上有3名毛利族裔、2名太平洋岛民和3名亚裔学生,因此大多数学生都来自欧洲。

瑞塔的故事

瑞塔是个漂亮的女孩,也是个认真的学生。尽管她和班上的其他同学相处得很好,但她在课堂外的社交生活有限。她母亲白天工作,瑞塔放学后要马上回家,在家看电视,做作业。她在星期六早上要做家务(她母亲会支付她费用),并定期参加女童子军活动。她最喜欢的活动是在她叔叔阿姨的农场里照看动物。

瑞塔对学校和学业的态度似乎很矛盾。她说她不喜欢上学,但又觉得假期很无聊,因为没什么事可做。她喜欢数学和写故事,特别是当她描写动物时。如果她能选择在学校做什么,她会做一个关于动物的研究项目,特别是美丽的动物,比如狮子。

瑞塔比大多数学生更理解老师布置的任务,预测老师想要什么,并在小组活动中担任领导者。尽管她的小组由四名学生组成,但大部分工作都是她和科廷完成的。然而,她试图让其他成员参与到小组活动中,尤其是玛拉(她所在的小组中的一名太平洋岛民男孩)。有一次,该小组正在完成一张与不同类型的风有关的各种天气的大型图表。

瑞塔:你想做什么吗,玛拉? 你可以帮忙。给我们一些信息。

玛拉:我该怎么做呢?

瑞塔:给我们提供信息。

瑞塔负责确保小组的任务按照老师想要的方式完成。当她的小组完成图表时,他们发现没有与东北风相关的天气数据。

瑞塔:不要写任何东西,因为我们必须检查一下。不要写,不要写任何东西。不要一直写"和煦的微风"(正如科廷从图表的另一部分复制的那样)。

科廷:但确实如此。

瑞塔:哦,上帝,笨蛋!

科廷:好吧,你来写。

瑞塔:不要一直写"和煦的微风"。不应该一直写同样的东西,因为我们会遇到麻烦。

瑞塔经常参与帮助团队中的其他成员。在课堂讨论中,她小声答复布鲁斯和科廷,让他们知道该说什么。她向其他人解释问题,但并不总是彬彬有礼。在以下摘录中,她向科廷解释了如何使用悬挂磁铁作为指南针。

瑞塔:你想知道哪个方向是北?看看黑板,呆瓜。你有一个小东西,一个小针头,像这样。不,你放开它,它就会消失,你知道哪个方向是北。它是这样的,它指向了正确的方向。

瑞塔显然比班上其他学生有更多的相关知识。其中一些知识来自她的家庭,在家里她与母亲和哥哥谈论了学校的活动。她知道温度计是因为她哥哥有一支温度计。

瑞塔:我喜欢把手放在我哥哥的温度计上——把手放在底部,温度就会上升。

其他学生:是吗?

瑞塔:是的。我喜欢这样做。我们家里有一个,它的底部是这样的,我喜欢把手放在上面,它会上升更多……

这种对热量如何影响温度计的理解让她解释了为什么她的小组在教室内外获得了不同的温度读数("哦,不,我得把它擦掉。温度升高了,因为我们在教室里很热。")后来,为了避免混淆,她决定在小组回到教室之前不记录温度计读数。其他学生似乎没有明白这一点。

关于学生们在天气单元应该做什么,出现了一个问题。包括瑞塔在内的几名学生认为,该单元是他们熟悉的那种"项目"。这项工作包括对部分主题进行单独研究,并准备一份报告(带图片)供老师评价。基于她的假设,瑞塔找到了相关书籍,并在家里花时间准备报告。她敦促她的朋友也这样做。

瑞塔:我们什么时候开始我们的项目?路易丝,你开始你的项目了吗?我已经开始做了。瞧瞧,我已经开始了。我们必须在星期五之前完成。

路易丝:这个星期五?

瑞塔:我想是的。我们已经花了两个星期了。我还有更多事情要做。

当科廷问瑞塔应该在项目中做什么时,她提供了建议。

科廷:我应该在项目中做什么?

瑞塔:我不知道。写上"天气怎么样?"。

科廷:云的类型?

瑞塔：是的，这就是我在做的。我写了不同类型的云。看，这本书很好。瞧瞧，上面写着"天气怎么样？"……

后来，当她问老师她的项目时，老师说并不要求每个人都做。

瑞塔：A 先生，我应该如何处理我写的项目？我想我们必须做一个项目。

老师：留下来。对。不管怎样，我都要。

这一结果惹恼了瑞塔，不仅是因为浪费时间，还因为这降低了她作为一个知道老师想要什么的学生的地位。

瑞塔：我花了那么多时间写这个项目。看，科廷，这是我的项目。我们甚至不必写报告。

尽管瑞塔认为这个项目是在浪费时间，但它对她所了解的云层类型、天气图和天气单元的其他方面产生了重大影响。最后，她完成了一份 12 页的书面报告，内容涉及各种与天气相关的主题，大部分是从她读过的书中抄来的。与其他成绩更高的学生一样，瑞塔为自己创造了额外的学习体验，而与老师的要求无关（其他学生的模式见第四章中的图 4.1）。

也许是因为她的背景，瑞塔比她的许多同学更了解课堂活动。当学生观看或进行实验时，他们通常很难知道自己应该看到什么。瑞塔总是知道本单元实验和活动的重点。例如，当她看着老师转动指南针时，她发现了关键方面。

瑞塔：指南针上的针，苏，那针似乎总是指向这个方向……我不知道。罗盘上的指针似乎总是指向这个方向。

在该单元的最后一天，老师布置了一项非常困难的任务，即预测几天内天气图会发生什么变化。瑞塔是班上唯一一个懂得如何解读变化的学生。

瑞塔：(对着小组中的其他人)这意味着什么？它是什么模式？从这里开始(指向天气图)。看，这是一种模式。它首先从这里开始，在海岸上，然后它来到这里，再然后它就转到新西兰这里。看，这是气压。反气旋从这里开始，向上移动，并变得更大……

然而，尽管她清楚地了解这些活动的内容，并参与了每一项活动，但她对这个单元表达了矛盾的情绪。有时，她对自己所做的事表示高兴。当老师让学生使用指南针时，她表示很高兴("哦，太酷了。我们要去看看它了。第一次！")。但她显然对做这个项目很恼火，她每天都向科廷抱怨这些活动有多无聊，尤其是外出并记录天气状况(风速、风向、云层类型等)的任务。

瑞塔：我觉得这样做很无聊。我觉得日复一日做这件事很无聊。

在单元结束一年后，当我们访谈她时，瑞塔谈到了她完全不喜欢学校，以及她在学校必须做的事情。她的态度似乎正在改变，从她的评论中可以明显看出，她在学校里必须做的活动越来越不符合她的喜好。

图伊的故事

尽管坐在瑞塔后面不到两米的同一间教室里，但他们的世界截然不同。图伊长得英俊,有一头浓密的头发,他称之为"毛茸茸的"。他经常在头上戴一条彩带。他的父亲几年前去世了,他和母亲以及一对姐弟住在一起。他母亲每天早上 7 点 30 分去上班,图伊可以随心所欲地在放学后消磨时间。然而,他似乎每周都要与他的阿姨和表兄弟姐妹一起度过周末和几个晚上。其中一个堂兄弟已经离家出走,加入了一个街头帮派。

图伊的主要爱好是运动。他在学校和周末体育俱乐部参加垒球、橄榄球联盟和足球队的比赛。大约在该单元学习六个月后,他和一支代表橄榄球联盟的球队一起去了澳大利亚。在学校他喜欢的两门课程是体育和艺术。除了成为职业运动员(空手道黑带),他长大后还想成为一名艺术家。

通过他的堂兄弟,图伊接触到了街头帮派和拉斯塔法里文化。他的一个寄养堂兄弟给他起了一个街名(塔维塔),他想以这个名字为人所知。

图伊:你只需要起一个自己专属的街名。只要告诉每个人这是你的街名,如果有人想拿走,告诉他那是我的。就像街头混混;他们大多是流浪儿童,他们有街名……哦,街头混混,他们喜欢出去,他们喜欢充满暴力的地方,他们都叫我图伊,但我一直说我的街名是塔维塔,他们忘了。

图伊对拉斯塔法里文化着迷。他最喜欢的颜色是拉斯塔色——黑色、红色、黄色和绿色。他随时在课堂上使用这些颜色。他解释说:

哦,拉斯塔法里教徒戴着金红色带子,他们就是拉斯塔法里教徒。他们中的大多数人都有长发,而且曾经属于毛利帮派。

在教室里,图伊经常用激进和抗议歌曲的歌词自言自语:

总有一天,当我们听到召唤时,我们必须团结一致,所有人都是一个整体……

我能看到一道彩虹,红、黄、绿、黑。我会唱拉斯塔,拉斯塔,拉斯塔……

库斯塔 肯塔,库斯塔 肯塔。① 世界来了。我们是世界,我们是孩子……

起来抗争。每个人都说,起来抗争。抗争……

在课堂活动中,图伊在与他人的关系中表现得很自信。他通常积极组织团队如何开展活动,并设法为自己分配非学习任务,如打印和给标题涂色。他认为小组中的另外两位(托尼和苏)是主要的观点来源("是的,他很聪明。哦,他知道如何拼写积云之类的长单词,等等"),并经常抄他们的作业。典型的做法是他组织小组如何执行编制大型天气图的任务。任务是将图表分成四个象限,分别标记为东北风、东南风、西南风和西北风,并在每个象限描述与该象限的风相关的天气类型。

图伊:我正在做拉斯塔色,好吗?看看他们的(看下一组的图表)。他们的表格很整洁。他们的表格会比我们的好。我可不想这样。

托尼:别担心涂上颜色。

图伊:如果我们不提供信息,我们就永远无法完成。

托尼:好的,那么,我们来做吧。

---

① 歌曲里的拟声词,类似于"嗨呀,嗨呀"。——译者注

图伊:我什么都没写。

托尼:我会写下来的。

图伊:不,你不会的。

然后,图伊帮助获得填写图表所需的信息。他在教室里找一本相关的书,找到并把它带回了小组,将其作为信息来源。

图伊:来,看看这本书。

凯西:你们每人都有一个方块(要填充)。我要美化我的方块。

图伊:我在做。我在做。等等。我正在美化它们。

凯西:用黑色画,用蓝色美化这里……

图伊:等我们完成后,我来美化它。

凯西:我会美化我自己的方块。

图伊:不,你不能。我要把它们都美化一下,谢谢。我会把它美化一下,因为我会是第一个。不,不要,傻瓜。哦,你,闭嘴,傻瓜。你做错了,那里。

托尼:不要在词汇周围加太多装饰,因为你会看不清楚。

图伊:你能看清楚的。如果你不想让我做,你打算怎么做,傻瓜?

在此期间,图伊设法逃避在图表中添加任何实质内容。当他美化表格时,他命令苏提供内容("开始写,苏")。在其他大多数团体活动中,他扮演着类似的角色,用威胁恐吓的方式组织他人,并给自己安排一些外围活动。

威胁和辱骂是图伊与同学关系的正常部分。他辱骂同学,他们反过来辱骂他。

图伊：凯西，你越来越聪明了。亲一个，亲一个，亲一个（笑）。凯西吃了鸭屎。凯西是黑人……

图伊：(对着隔壁组姓氏是戴利的学生)戴利废物。变聪明了，嗯？戴利，你，傻瓜……变聪明了。放学后你会被痛打一顿。我要把你打回原形。

辱骂往往是互相损害的，产生了一种可以随便互相发表辱骂言论的氛围。

图伊：快点。我需要尺子。快点。

托尼：闭嘴。

图伊：你是说"闭嘴"吗？哦，好吧，我没问题……

托尼：你是怪物，伙计，怪物。

图伊：你剪那张表格，伙计，否则我打烂你的脸……

这些不良互动每天都会发生几次，是图伊保持对团队其他人统治地位的一个因素，尽管他对活动目的或课程内容了解得还不如其他同学多。

图伊经常我行我素，意识不到自己的误解。在一次实验中，学生在一根棍子的两端平衡两个充气的气球，然后用一个放了气的气球来观察气球里的空气重量，图伊做了他想做的事，结果破坏了实验。

图伊：你要做什么？

凯西：你要在(气球的)顶部开个洞。

图伊：这里。我会做的。我会做的。你就这样。托尼，看这个。注意这个。这下得很快(刺破了两个气球)。

托尼:你只需要爆一个气球。

图伊:嗯,我们爆了两个。

在整个单元中,图伊坚持他先入为主的观点,即风决定了指南针指针的方向。当老师和班上其他人讨论指南针的工作原理时,图伊却在集中精力为他的个人项目撰写标题。当其他人提出指南针指向的方向的原因时,他低声自言自语:"不,是风在吹动它。"当老师把几块条形磁铁挂在绳子上看它们指向哪个方向时,图伊怂恿其他人吹它们,让它们发挥作用。当有人提到或讨论指南针的工作原理时,他从来不听,而且不断干扰测量风向和风速的仪器。

让他觉得难以处理的是自己错了。每当有人指出他误解了什么或做错了什么事的时候,他就说,"无论如何,我不在乎",或者开始自言自语和/或走开。图伊一直关注自己的地位,并对朋友圈以外的人形成了威胁气氛。

图伊:斯特拉,放学后去公园。我会打扁你。

托尼:她不会去的。

图伊:她会和她哥哥一起出现。

托尼:她要她哥哥做什么?

图伊:她哥哥是个混蛋。

托尼:他是个混蛋?

图伊:等斯特拉来周五俱乐部时,我们可以抓住她。这样我们就能打她一顿了。

(两分钟后)

图伊:斯特拉,我等不及你来周五俱乐部了。

(六分钟后)

图伊:佩妮,问问斯特拉,她今晚放学后要带谁去公园挨一顿揍。

图伊的毛利族裔文化和风俗习惯在课堂上从未以任何可识别的方式被提及。在访谈期间,图伊说他很想学会说毛利语,但他忘记了他所学的毛利语。

图伊:……因为我应该认识它们,因为我是毛利人,有毛利人血统。我以前学过毛利语,但有时我会忘记。

他的家人都认识不了几个毛利文字,但图伊知道他的部落关系,学校里只有另一个学生来自这个北岛阿威(iwi)部落。

图伊对学校和学业的态度很复杂。在很多方面,他都想做好,但都是以自己的方式。他不听指导,而是根据观察班上其他人所做的事情来决定需要做什么。他完成了一些活动,但通常专注于非学习性的部分,比如写标题、涂色和装饰。在访谈中,他从不把自己知道或学到的任何东西归功于老师或课堂学习活动,只是偶尔归因于课堂上的朋友。

与班上的其他同学相比,图伊在关于天气的这个单元中学到的相对较少。问题在于,通过他自己的活动管理,他很少参与本单元的课程内容。将他参加课堂活动的情况与瑞塔进行比较会发现很有趣。表6.2列出了一些相关细节。图伊花费在相关内容上的总时间明显少于瑞塔花费的总时间(724分钟对882分钟)。然而,由于图伊在单元开始时知道得太少,他在自己不知道的内容上(92%)花了相当多的时间,而瑞塔则是学生中比较典型的一个,她把将近三分之一的时间用在了自己已经知道的内容上。

表6.2 图伊和瑞塔的课堂参与情况

	图伊	瑞塔
用于相关内容的总时间(分钟)	724.3	882.5
花费在未知内容上的总时间百分比	92%	72%
在未学习的概念上花费的平均时间(分钟)	7.4	7.1
在学习的概念上花费的平均时间(分钟)	11.1	12.85
单元期间记录的发言总数	1 064	2 077
公开言论		
有助于课堂讨论的发言百分比	9.7%	9.9%
对同伴和自己的私人话语		
与内容相关的私人话语百分比	38.2%	42.1%
与任务相关的私人话语百分比	28.0%	27.2%

当我们观察图伊在该单元中发言的次数时,我们可以看到他发言的频率只有瑞塔的一半(1 064次对2 077次)。他所参与的对话种类与瑞塔成比例地相同,但它们发生的频率只有瑞塔的一半。然而,图伊的学习过程与瑞塔的学习过程相同。对他来说,学习一个新概念需要的体验和瑞塔一样。如表6.2中的证据所示,两个孩子在学习的概念(11.1分钟和12.85分钟)和未学习的概念(7.4分钟和7.1分钟)上花费的时间大致相同(每个概念的平均分钟数)。不同之处在于,图伊在天气单元期间管理他参与相关的课堂学习活动的方式。

相比之下，图伊的数学成绩很好。他很自豪自己已经学会了所有的表格。当被问及为什么喜欢数学时，他作出如下表述。

图伊：噢，我只想擅长一门学科，我选择了数学。

访谈者：阅读有什么问题？

图伊：没那么聪明。在数学课上，我几乎都对了。我努力学习数学。

访谈者：如果你在阅读上更加努力，你会做得更好吗？

图伊：可能吧。

再次说明，似乎图伊决定了自己想要做的事，而忽视了或没有理解老师想要他做的事情。在某种程度上，他让学校成为自己的学校，通过暴力威胁发挥领导作用，并以自己的方式成功完成了他所需的活动。但对他来说，令人兴奋的世界是在教室外——一个包含了以下众多内容的世界：兰博视频、空手道、在运动项目上获得成功、成为街头混混的表兄弟、拉斯塔法里色彩、拉斯塔法里涂鸦和长辫，以及与毛利帮派的联系。

泰恩的故事

泰恩出生自一个较大的太平洋岛屿民族。她是一个活跃的女孩，有一头乌黑的头发，与上学相比，她更喜欢运动，但并不讨厌上学。她是班上年龄最小的学生，她认为上这所中学会很困难，但到目前为止还没有发现困难。

泰恩与父母和姐姐住在家里。她不会说她父母的母语，他们也不会对她讲，只在他们俩之间说。泰恩曾几次回到她的家乡岛屿，并在一家乡村商店与亲戚们住在一起。她家里的其他人住在附近，当她的父母晚上外出时——这是经常发生的——一位叔叔和奶奶照顾泰恩与她的姐姐。

泰恩为学校与周末体育俱乐部打网球和垒球。当我们访谈她的时候，她积极参与了一支名为布拉天使(Beulah Angels)的教会球队的竞技触球比赛。然而，她最喜欢的运动是排球，她也在一家体育俱乐部参加比赛。

在课堂上，泰恩是一个积极探究的学生。当有疑问时，她毫不犹豫地问老师或同学。她积极参与了全班讨论和小组讨论。在学习南极洲单元的第二天进行的关于南极洲词汇的头脑风暴活动中，她贡献了冰屋、抹香鲸、雪地摩托、鲸脂和探险家。她对她旁边的两个同学耳语，向他们提供了进一步的信息。当老师让另一位邻座同学内森说出一位探险家的名字时，她小声地对他说出了"罗斯"的名字。

泰恩经常与莉一起负责团队的有效工作。在学习单元的第三天，老师要求她的小组成员写一份他们读过的一个故事(《火与冰》)的摘要。在本次活动的以下摘录中，简正在写作，泰恩和莉建议她应该写什么内容。小组里的两个男孩(吉姆和内森)无所事事。

泰恩：(对着吉姆和内森)我们会把你们分开。(对着简和莉)故事是关于一位名叫凯西的女士……叫凯西，凯瑟琳……她们是探险家。还有她是如何获得机会……去南极洲的机会。

内森:(在关于同一个故事的平行对话中)《火与冰》。通常你用油生火,但他们用冰生火。

吉姆:对!

内森:说一下胜利者。

吉姆:下一步,他们会用水来生火。

内森:可能会烧了你(发出爆炸性的声音)!它会发出嗖的一声!

此时,吉姆和内森重新进入了小组的对话。

吉姆:现在,我知道(故事中)发生了什么。

莉:什么?

吉姆:嗯,嗯,其他人,他们去了,他们堆了很多,而且……

内森:他不知道自己在说什么。

吉姆:没错。你说对了(出拳击中内森的前额)。

吉姆将泰恩桌子上的铅笔盒移到内森(不小心)轻推的位置,于是铅笔盒掉落在了地板上。泰恩打了吉姆作为回应。

泰恩:哦,住手,伙计们!

吉姆:噢!(对着莉)我什么都没做!

莉:吉姆,你要,如果你不保持安静,我们就得把你换掉。

泰恩:我们会把你们分开。

内森:不……

泰恩:(对着吉姆)下次,那就闭嘴。别自作聪明。(讽刺地对内森说)你真有趣。

简:他们在装傻,因为他们觉得自己很有趣。

泰恩：（继续读故事摘要）嘿，看。上面写着凯西和她的旅伴帕丁顿熊。

内森：我本可以告诉你的。

莉：噢，哇！那你为什么不呢？

内森：因为泰恩没有及时读出来。

吉姆拿走了泰恩的故事书。

泰恩：你别这样好不好！

泰恩轻轻地打了一下他的手，把书拿了回来。吉姆用拳头重重打了她两下。

吉姆：不，我就要拿！

泰恩：哦，你没拿到！你拿到了纸。

莉：你们两个，别打架了！

吉姆：是她。

泰恩：是你！干点有用的事。（对着路过的老师）您能告诉他们别再犯傻了吗？

从这次交流中可以清楚地看出，泰恩尽可能地让男生们与莉和简一起专注于任务。这种积极的社交互动是泰恩所在群体的一个明显特征。泰恩和莉之间有持续的竞争互动。在学习该单元的第二天（上述交流的前一天），老师要求全班成员单独完成，写下他们能想到的关于南极洲的所有单词，这时泰恩在莉的桌子里寻找东西，莉打了她的手。

泰恩：我只是在找那东西。（莉又打了她）我以为你……哦！

泰恩摊开双手，沮丧地将双手砰地放在桌子上。过了一会儿，泰恩把她一直在写的那张纸揉成一团。

莉：泰恩。安静点！

泰恩笑着把那张纸扔到地板上，躲开了莉。后来，当老师在黑板上写下头脑风暴的单词时，莉抱怨泰恩没有做笔记。

莉：（叹气）你没有把它们写下来。

泰恩：（开始写）别担心。

莉从泰恩手中抢走了她的钢笔。然后，这种竞争性的互动扩展至他们团队中的其他人。泰恩向莉抱怨科林不会拼写单词"Penguin"（企鹅）。

泰恩：（指着科林的作业）哦，哦，他甚至不会拼写。

科林：谁？

泰恩：科林。他不会拼写"Penguin"。他写成了 P-E-G-U-N-I。

莉：泰恩，有些人不擅长拼写。

泰恩：（对着莉）好吧。我不应该在你面前说。

莉：我知道。

科林：泰恩，你觉得你什么都擅长。

内森：（看着泰恩的作业）你把"Penguin"拼错了。你忘了写"N"。

莉：哈哈！

过了一会儿，科林和内森再次用拼写攻击泰恩。他们在写的报告中提到了特卡波湖（Lake Tekapo）。科林问泰恩如何拼写"Tekapo"。

泰恩：（对着科林）是 T-E-K-O……

科林：用毛利语拼写是 T-E-A-K。

泰恩：是的。

内森：太感谢你出色的拼写了，泰恩。

泰恩：太感谢你的无能了！

内森：（听不见）

泰恩：噢，闭嘴！

泰恩后来说，与其他女生不同，她不介意与男生一起合作。当其他女生觉得男生很烦人时，她似乎很喜欢按照男生的要求和他们互动。

库尔特：是的，放学后我会揍他（科林）。

科林：哦，你不可以这么做。

内森：没错，泰恩可以。

泰恩：是的，我可以。当我生气的时候。

内森：当然。

泰恩：我可以！当我生气的时候，当我真的很生气的时候，是吧？

库尔特：我想我可以勒死他。

泰恩：嘿，我可以打败科林，是吧？在（以前的学校）我对贾斯汀非常生气，我一拳打在他脸上，打得他满脸是血。

虽然泰恩合理有效地参与课堂学习活动，但她也保持与班上女生的社交互动。尽管她明显比她们年龄小，但她以男朋友的话题参与了关于男生的私下讨论。在第三章的学习南极洲是最干旱的大陆的示例中，泰恩向莉和艾比传递了关于男朋友的信息，而她本应该看视频的。这些关于男朋友的谈话在整个单元都在继续。以下摘录并不完整，因为他们都是小声交谈的，连个人麦克风都听不清。

莉：如果你想找男朋友，就找（听不见）。

泰恩：是的，但这不是为了我，我只是……（听不见）因为内尔说，哦，别担心。但内尔没有计划。内尔说她想把约翰从你身边带走，把他交给莫德。

莉：嗯，她无权这么做。

泰恩：是的，嗯。我得告诉内尔。我会……什么？（自言自语）"你真的想要我吗，宝贝？"

莉：（听不见）。

泰恩：是啊，艾比，艾比……我知道，因为她太害羞了。每个人都在取笑她，她喜欢科林，我认为这是真的。

（泰恩收到了莉的一张纸条。她读了纸条，把要说的话写在纸条上，然后递给艾比。）

泰恩：（对着艾比）如果你想要他，你可以拥有他。

莉：得意忘形。你认为她会这样吗？试着成熟一点。

泰恩：是的，我知道，但如果她想要约翰，我的意思是她从来不会表现得像想要他一样。你知道，就像我……

莉：她的铅笔盒上写满了他的名字……

在其他时候，泰恩通过在书桌下偷偷看书来保持自己的阅读兴趣。在学习南极洲单元的几天里，她想尽办法读一本恐怖故事书。观察员在第二天注意到：

泰恩拿出一本恐怖书，藏在桌子下看了一分钟，然后用垫子盖上。后来，当老师和全班同学讨论视频时，泰恩又把书藏在桌子下面看了大约一分钟。不时举手。在观察者经过时,用垫子盖住书本。又开始偷看恐怖书。举手。开始参与课堂讨论。泰恩又偷看恐怖书了。看了三分钟半,不时抬头看看。把书放回桌子。

然后,在该单元的第五天,观察员注意到,当班上其他人正在写报告时,泰恩打开了她的桌子,拿出了她的故事书。

泰恩:(自言自语)我会一直读完。

泰恩又读了十分钟她的故事书。

泰恩的种族背景问题以不同的方式出现。在我们的访谈中,我以几种方式问她,作为一个太平洋岛屿族裔是否会影响其他人对她的喜爱或与她互动。她总是说没有,但她的背景影响确实在课堂上出现了,就像下面的例子中她所在的小组讨论鲨鱼时一样。

库尔特:他们是冷血的。他们喜欢浅水。

泰恩:是的,他们是这样的。

罗宾:他们喜欢温水?

泰恩:是的。在萨摩亚(Samoa),阳光照射在海面上,你可以看到一些鲨鱼。

库尔特:(笑着并夸张地学着泰恩的口音)在萨摩亚,阳光照射在海面上。

泰恩:(试图扇库尔特一巴掌)

其他时候,当泰恩提到她的原籍时,其他学生根本不理睬她。只要她谈论的是他们共同经历的一部分,她似乎是社会群体的一个组成部分,但当她独特的经历出现时,这种谈话就会停止。

泰恩:哦,我在萨摩亚有一条蛇。真的很酷。

莫德与吉尔一直在和她一起学习,他们忽略了她所说的话,继续他们正在做的事情。

泰恩一直对班上一个来自同一个太平洋岛屿的男生进行最尖锐的抨击。这个男生对英语的理解有限,老师特意让他参加讨论,这让泰恩很尴尬。有一次,当班上讨论一位来访科学家的演讲时,老师要求拉帕纳发表看法。

老师:对。拉帕纳?

拉帕纳:(笑着)嗯,我不知道。

老师:你觉得这件衣服怎么样?你认为他们会穿那么多衣服吗?

拉帕纳:是的。

老师:是吗?你认为他们必须穿上所有的装备吗?

泰恩:(自言自语)噢,傻瓜!白痴!竟然都不知道!

老师:如果你在克赖斯特彻奇,你会穿那个吗?

拉帕纳:我不知道。

相比之下,泰恩似乎对那些知道很多的学生很着迷。她对本特别感兴趣,本的同伴认为他比任何人都懂得更多。她喜欢和他玩文字游戏。

泰恩:笨蛋。哪里?哪里说的?

本:是的。没有"笨蛋"这类词在字典中,因此不能使用。

泰恩:听着,你刚才说了"笨蛋"在"字典"中。

本:这是一个很弱的双关语。

还有一次,她问他怎么知道这么多,好像他的知识是她想揭开的一个谜。她认为他是一个来自截然不同文化的人。

泰恩：你怎么知道这么多？

本：哦，我读了很多书。

泰恩：你有妹妹吗？有多少？一个姐姐？有兄弟吗？只有一个妹妹？

本：我有……（听不见）

然后，她试图把他拉进关于男朋友和女朋友的八卦中。本对这些流言蜚语一点也不感兴趣。

泰恩：你喜欢萨利吗？

本：见鬼，不！

泰恩：萨利告诉我的。

本：为什么她会觉得我喜欢她？（听不见）

泰恩：我知道，因为她对你很着迷。

泰恩似乎也意识到其他学生受到了班上大多数人的排斥。在访谈中，她报告说她的朋友莉讨厌香农。当我问为什么时，她解释道：

因为有谣言。这就是为什么女生们不想让他加入这个团体。大家说他很穷，这就是为什么莉不喜欢他。仅此而已。

她还解释说，一般来说，女生不喜欢班上的男生。

泰恩：因为他们总是纠缠她们。

访谈者：什么样的纠缠？

泰恩：就像，羞辱她们。

访谈者：他们羞辱过你吗？

泰恩:哦,没有过!

所有这些证据表明,作为少数族裔的一员,泰恩应对得很好。每当有人试图羞辱她时,她都会用与她的非少数族裔同龄人相似的方式做出积极的回应。她意识到自己与同龄人有着不同的经历,她对来自同一背景的另一名学生明显比其他学生"更傻"感到非常尴尬,但她似乎将自己和同龄人视为社会地位平等者。他们具有竞争性,有时咄咄逼人,随时准备对任何羞辱进行反击,但没有固定的或基于文化的对抗。前一天他们还在激烈回击的对象第二天就成了盟友。

班级中的种族角色

那些记得阿德里安·阿尔顿-李、约翰·帕特里克和我在 1987 年写的题为《把你棕色的手从我的书上拿开》的文章（Alton-Lee, Nuthall 和 Patrick, 1989）的人会知道,在我们的两项研究中,我们发现了学生在互动中存在种族偏见的证据。在一项研究中,老师对纽约的种族多样性进行了调查,以帮助他的学生了解种族敏感性和宽容的必要性。正是在这项研究中,我们发现了在教师的意识之外,学生中持续存在的种族欺凌的证据。似乎老师在课程中对种族问题的介绍刺激了学生之间的种族欺凌。我们注意到老师和学生无意识地使用了代词"我们"和"他们"。当提到欧洲人时,使用了包含代词"我们"。当提到非欧洲人时,使用了距离代词"他们"。隐藏的假设是,班上的"我们"都来自欧洲,不同于其他民族和文化。

在我们刚刚看到的三名学生的经历中,没有直接证据表明存在直接的种族欺凌。在泰恩的课堂上,老师努力做到包容。每天早上,学生用各自民族的语言互相问候。老师使用了一系列的毛利语来管理课堂,并在她需要的时候引起他们的注意。

在瑞塔和图伊的课堂上,没有证据表明老师包含或利用了毛利文化。尽管班上有一系列的种族差异,但课程没有包括任何非欧洲文化的内容。这位老师认为他班上的学生,由于他们出身工人阶级,需要帮助来思考未来,因此他认为教他们天气预报对社会是有益的。看起来,如果老师将与天气和其他内容相关的毛利文化概念包括在内,图伊可能会更感兴趣并参与其中。这种包容可能会在学校文化与家庭文化之间架起桥梁。

这三个学生中的每一个都生活在两种文化的边缘——他们的家庭和大家庭的文化,以及学校的文化和课程。他们每个人都生活在第三种文化——同伴文化中。三名学生中的每一位都在相对有效地参与到同伴文化之中。他们以不同的方式参与其工作组的领导活动:图伊通过攻击来威胁;瑞塔通过承担责任和丰富的知识来实现目标;泰恩通过她自己的精明和社交技巧。

然而,他们在如何管理学校文化与家庭文化之间的边缘地位方面存在差异。瑞塔在学校里成绩很好。她已经内化了老师的期望,在学业上得到了母亲和弟弟的支持。图伊明确表示,他的表兄弟和他们的朋友的文化深深吸引着他。这种文化是街头儿童、拉斯塔法里人和帮派式攻击的文化。他以有限的兴趣和个人参与来参与学校文化。他试图让其他人帮他完成报告，并选择一门学科（数学）来集中自己的能力，以此来挽回面子。泰恩和瑞塔一样，在学校文化中表现得相对较好。她的广泛阅读帮助她保持了应付学校学习任务所需的知识。但她为维持同伴群体关系所做的种种努力无助于她融入学校文化。当班上的其他女孩将自己的能力和焦虑集中于在学习活动中表现出色时，泰恩很想在积极逃避学校任务方面与男生一争高下，并让女生对男女朋友关系产生兴趣。

与班上其他同样来自家庭和家族的学生相比，他们的文化与学校文化非常不同，毛利族裔学生和太平洋岛屿学生似乎没有面临更大的困难。在一个毛利和太平洋岛屿文化不明显的城市背景下，少数族裔学生和多数民族学生之间的文化差异似乎与来自低收入家庭的学生和来自中等收入家庭和高收入家庭学生之间的差异没有本质上的区别。

这并不是要贬低文化差异对学生学业成绩的影响。另类文化的吸引力很强，会导致学生放弃尝试在学校取得成功，因为他们对另类文化（具有不同的价值观和目标）的忠诚度越来越高。不难预测，图伊的未来将与街头的另类文化最紧密地结合在一起。

有一点需要大家警惕。对这些学生的课堂体验的仔细观察表明，他们以自己的方式很好地应对着课堂生活。他们已经取得了地位，知道如何以他们满意的方式管理课堂活动。例如，如果一位教师将毛利文化引入课程中，并能引起人们注意班上毛利族裔学生的差异，那么这可能会改变孩子之间的力量平衡，但不一定会更好。课程内容可能会直接影响个别儿童的地位和角色，有时会以不可预测的方式。

第七章　总结：为了学习的教学

伊恩·威尔金森和理查德·安德森[①]

> 如果想了解教学与学习的关系,我们必须从离学习最近的点开始,那就是学生的体验。
>
> ——格雷厄姆·纳托尔与让·赫比森(Jean Herbison)的讲座,
> 新西兰教育研究协会会议,克赖斯特彻奇,2001年

在阅读前面的章节时,你会发现有很多内容你已经知道了。有些人可能知道,标准化考试的分数告诉你的关于学生的学习情况只比你已经知道的多一点点。有些人可能知道,教学不仅仅是让学生参与活动。有些人可能知道,给学生机会重新审视你想让他们学习的概念是多么重

[①] 伊恩·威尔金森是俄亥俄州立大学教育学院副教授。1992年至1999年,在奥克兰大学担任教职时,他结识了格雷厄姆·纳托尔,被他的工作深深吸引。理查德·安德森是伊利诺伊大学教育与心理学教授兼阅读研究中心主任。自20世纪60年代起,他就认识了格雷厄姆·纳托尔,并于1999年在坎特伯雷大学与他的研究小组一起工作了两个月。

要。还有些人可能知道,同伴文化对学生,尤其是中学生有着强大的影响。当然,正如我们从格雷厄姆·纳托尔的著作中了解到的那样,你在阅读这些章节时所掌握的先前知识将与其他读者所掌握的原有知识大相径庭。然而,你和其他读者在读本书之前可能已经了解了很多。

但还有很多内容是你不知道的,你从阅读本书中学到了一些知识,特别是如果你有至少三次不同的机会来体验这些信息的话!在本章中,我们总结了前几章的内容,并总结出了对教学方式有重要影响的观点。要特别强调的是,这些观点将改变我们对好的教学和与学生相处的认识:如果想要理解教学,你要知道学生是如何学习的。首先我们总结了格雷厄姆的研究所揭示的关于学习的重要观点,然后阐述它们对课堂教学的意义。

什么是学习?

学习是高度个性化的

学生学习的程度和性质比我们之前认为的还要多样化。虽然所有学生的学习过程基本相同,但由于学生的背景知识、兴趣、动机和体验各不相同,差异也会逐渐显现。以前的多数研究都将学生视为一个群体,而不是个体。格雷厄姆·纳托尔的研究从学生个体的角度来看待学习。当以这种方式学习时,我们发现大多数学生已经知道老师要教授的内容的40%到50%。然而，每个学生的先前知识都各不相同，这是一个关键点。由于先前知识的个体差异，以及学生参与课堂活动方式的差异，每个学生对课堂的体验也不同，以至于学生所学的大约三分之一的知识是该学生独有的，而这是班上其他学生所学不到的。

这到底是什么原因呢？学习是在新信息和先前知识之间建立联系。如果学生以不同的背景知识开始一项活动，他们对活动的体验就会不同，那么他们学到不同的东西就不足为奇了。随着时间的推移，即使在同一个课堂上，在同一活动中，学生也会取得显著不同的学习成果。学生所学的知识、有助于产生学习的体验以及学习的程度都是高度个性化的。

学习通常包含学生所知道或能做的事件的逐步改变

学习不是一次性的活动。单一、孤立的体验不能产生学习。创造或塑造学习的是一系列事件或体验，每一个事件或体验都建立在前一个事件的影响之上。通过研究学生个体的连续体验，格雷厄姆·纳托尔向我们展示了，关于一个概念的至少三组不同的完整信息的积累，决定了一个从未完全学习过的概念和一个与以前的知识紧密相联并整合在一起从而被学习和记住的概念之间的区别。

学生需要一定数量的信息来理解和学习一个概念。这就好像大脑有一个阀门，可以保护它不受偶然的、不重要的信息的影响。只有与其他相关信息关联并在许多不同场合遇到的信息似乎才有足够的临界质量通过阀门，并成为学生的知识、技能和观点的一部分。首先，学生必须将新体验与已知概念联系起来,并根据这些信息对其进行评价,从而理解新体验。其次,他或她必须在工作记忆中保存新的体验,并将它们与相关的连续体验联系起来。这些过程需要时间,并与许多其他概念发生的并行过程一起进行。学生需要综合各种体验才能产生学习。

学习是从体验中提取信息并使其具有意义

学习并不直接来自课堂活动;学习来自学生体验这些活动的方式。重要的是学生从体验中获得知识——使体验具有意义。格雷厄姆·纳托尔通过学生个体的视角观察教学,并对学生的自言自语和私人社交对话进行了详细分析,揭示了学生参与到一个使课堂活动变得有意义的持续的过程中,以构建他们自己的理解。

学生通过尝试将这些活动与他们的先前知识和观点以及暂时存储在工作记忆中的其他相关体验联系起来,来理解这些活动。他们也会根据自己的先前知识和观点来评价新的体验以及该体验的意义。他们根据先前知识和观点,以及他们的目标和兴趣,与信息进行交互,并提取与他们相关的信息。"老师为什么给我们这个任务?""我已经知道了什么?""为什么我需要这样做?"正是这种学生理解课堂活动并管理他们的参与的持续过程,建立了课堂活动和学习之间的联系。

当然,学生有时无法理解他们的体验。看看奥斯汀和玛丽的例子,他们试图理解"黑色",索尼娅努力理解她关于水中折射的体验。在这些情况下,学生缺乏理解体验的背景知识。学生从活动中提取的信息不太可能连接到他们存储的知识,因此他们会忘记新信息。

学习经常来自学生自己选择的或内生的体验

学生的重要学习体验中有很大一部分是自己选择的或内生的,而不是直接来自老师。格雷厄姆·纳托尔在追踪产生学习概念的具体体验时透露,许多对学生学习至关重要的体验都是由学生内生的,或者至少是由他们自己选择的。在第四章所述的南极洲学习的例子中,学生平均学会了大约一半的概念,因为他们能够自己选择或内生活动。在这些概念中,学生从老师提供的选项中进行选择,学会了大约一半(即大约25％的概念)。他们学会的另一半概念(即25％)是源于他们自己创造的活动,或者是来自他们与同伴的自发交谈。为阅读或写作活动选择一个主题,提出问题,在报告中添加图表,或与同伴谈论相关(或不相关)内容,这些都会对学生学习产生影响。

此外,正如我们所看到的,学生从这些自己选择或内生的体验中学习的程度存在巨大差异。因此,能力的差异更多来自学生选择的活动种类以及学生管理参与这些活动的方式的差异,而不是其他方面。

课程内容的学习与课程内容所涉及的体验和活动以及普遍存在的同伴文化密不可分

关于学习的最后一个观点有点微妙。学生不仅学习课程内容,还学习包含这些内容的体验的细节。当格雷厄姆·纳托尔要求学生回忆在他们的课堂体验中还记得哪些内容时,他发现课程内容与他们接触到这些信息时的环境紧密相关。因此,学生如何体验一项活动是他们学习内容的一部分,也是课程内容的一个组成部分。例如,当学生坐着听讲座时,他们认为学习是通过从他人那里被动地接收信息来实现的;当学生填写学习单时,他们认为学习来自填补别人创造的空白;在学习课程内容的同时,学生还学习内容嵌入的结构和过程。正是在这个框架内,学生"学会如何学习"。

更重要的是,学生学习的内容以及他们学习的方式与他们的同伴文化息息相关。学生生活在个人和社会世界中,也生活在教师管理的活动世界中,学生获得的大部分知识来自他们的同伴。当学习发生时,它就包含在他们的社会关系中。在课堂活动中,学生学习什么以及他们如何学习取决于他们与其他学生的互动方式,而这种互动取决于他们在同伴文化中的社会地位,以及课程内容赋予他们的地位(例如,如果一个学生比其他学生更了解某个主题)。在学生的头脑中,不仅仅有与课程相关的内容,还有与他们学习的内容和学习方式相关的内容。

学习是多层次的

在概述现在已知的学生学习对教学的影响之前,我们先总结一下所了解的内容,并阐明课堂环境中教学与学习之间的多层关系。这里有一个重要的观点,学生如何从课堂活动中学习不仅仅是教师管理活动的结果,也是学生与同伴互动的结果,以及他们自己创造的活动或使用的资源的结果。

图 7.1 描述了一个学生在科学课上从一系列活动中学习一个概念的体验。前三层分别显示了第四章中描述的课堂的三个世界:教师直接或间接管理的公开、可见的活动世界,用以教授科学概念;学生之间的文化、关系和互动的半私人、半可见的世界;以及学生个体行为的私人、半可见的世界。底层显示了学生在获取(或不获取)有关概念的信息时利用工作记忆的一系列心理过程。

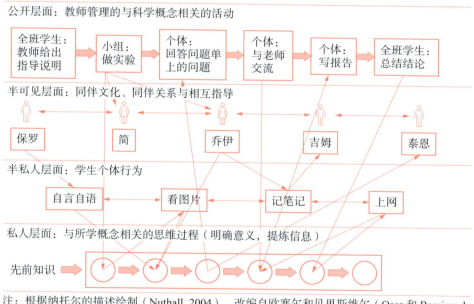

注:根据纳托尔的描述绘制(Nuthall, 2004),改编自欧塞尔和贝里斯维尔(Oser 和 Baeriswyl, 2001)。

图 7.1 课堂学习的多层属性

要牢记的是,学生的学习是高度个性化的。有些活动有助于在他或她在头脑中形成适当的过程(如底层圆圈所示),有些则不然。所学内容取决于学生理解信息所需的先前知识,以及学生参与课堂活动的方式。需要注意,学习涉及学生所知道或能够做的事情的逐步变化。创造或塑造学习的机制是一系列的心理过程,后一个过程以前一个为基础。还要注意,课堂活动和心理过程之间的联系是相互促进的(各层之间的其他联系也是如此)。有些联系是由教师对学习活动的设计、管理和评价建立的,但有些联系是学生主动尝试理解这些体验而创建的。

在这两种情况下,学生对体验的理解以及从中获得的内容,取决于他或她的先前知识和对课堂活动的参与程度,这一点很重要。但并非所有重要的学习体验都直接来自教师管理的活动;很大一部分来自学生及其同伴在半私人和私人世界中自己选择或内生的体验。这些体验可能包括自言自语和自发的同伴交谈。

最后,请记住学生对概念的记忆不仅包括与概念相关的信息本身,还包括学生用来学习信息的活动和结构,例如小组实验,以及学生与同伴的关系和互动。

这对教学意味着什么?

了解课堂活动如何影响学生头脑中发生的变化并不是教师需要知

道的全部,但如果他们要创新和调整教学方法与课堂管理程序帮助学生学习,这是他们需要知道的核心内容。在本节中,我们将回到格雷厄姆·纳托尔在第一章中对理想学习活动的描述,我们根据现在对学生学习的了解,总结对教学和教师的影响。

基于学生的记忆特点设计学习活动

因为学生从他们的体验中学习,所以教师需要以学生无法避免与信息互动的方式设计活动,我们需要根据学生的先前知识和理解设计这些活动,以便他们能够理解这些活动。这些活动也需要让人印象深刻,令人难忘。英国心理学家尼尔·默瑟(Neil Mercer, 1995, p. 27)致力于研究教师如何使用语言来指导学生学习,他清晰地阐述了这一点:"在教学和学习分析中,教师的一个合理目标是让信息令人难忘,这一点可能经常被遗忘。"格雷厄姆·纳托尔的工作告诉我们,让信息难忘的一种方法是将信息嵌入一系列不同的活动中。这种做法会让信息以各种方式被体验和存储在记忆中,因此它更有可能被记住。

因为学生学习他们所做的,所以我们也需要选择帮助他们学习如何学习的活动。例如,通过提问促使学生回忆昨天的课,这可能会鼓励他们在需要提示自己回忆时使用类似的自我提问程序。鼓励学生在新信息和先前知识之间建立联系有助于他们学会在其他相关活动中建立联系。鼓励他们评价陈述的真实性或一致性有助于他们学会评价自己和其他学生的想法。

鼓励学生参与能让他们重新审视概念的活动

因为学生在将一个概念嵌入他们的知识网络之前，需要体验至少三组不同的完整信息，我们需要给他们重新审视概念的机会。正如我们所看到的，这并不意味着简单的重复。这意味着在一个主题上给学生更多的时间，让他们以不同的方式体验信息，这样他们就可以从不同的角度驰骋于知识领域。在不同的活动中嵌入信息不仅使信息更容易被记忆，而且使学生能够重新审视概念和观点。在学习既定的课程时，我们可以将一个大问题或难点分解为更小的关联问题，这些问题会转化为更大的问题或难点。这一实践为学生提供了重新审视概念的机会，并鼓励他们在涉及相同概念的体验之间建立联系。

监控学生对概念的理解

因为学习涉及学生所知道或所能做的事情的逐步改变，并且因为它是高度个性化的，所以我们需要知道我们的教学实践以及我们设定的任务如何影响学生的思维。我们需要在单元前评估每个学生知道和相信什么，并在单元结束后评估他或她知道和相信什么。只有这样，我们才能确定学生的理解和信念是如何改变的，并推断出哪些活动对他或她当前的知识和观点有贡献（或没有贡献）。

对于我们这些要教授一个有着 20 到 30 名学生的班级的人来说，这是一种在大多数内容领域的教学中几乎未见的个人评价形式，也是一种比较难实施的评价方法。但这是唯一一种能公正对待学生之间的个体差异和学习的动态变化过程的评价形式。学习和理解是不断发展的过程。因此，我们需要知道每个学生都掌握了什么内容，仍在学习的是哪些知识点，以及尚未掌握的是什么。只有通过评估每个学生知道并理解的内容，我们才能决定下一步做什么。

聚焦"重要问题"

因为学习需要时间，所以最好将教学时间和资源投入到少量深入的重要问题或难题上，而不是肤浅地理解课程的各个方面。如果我们按照已经提出的建议——在考虑学生学习的情况下精心设计活动，使学生能以不同的方式重新审视概念，并监控学生个体对正在学习的内容的持续理解状况——我们会发现——即使存在可能性——以同等的效率覆盖整个课程是极其困难的。相反，我们需要关注给学生带来最大收益的主要问题或难题，即那些在学科、学生的生活和文化中具有重要意义的问题，如前所述，那些包含较小的关联问题或难点的问题。

借助同伴文化促进学习

因为学生学习的大部分内容来自他们的同龄人，我们需要融入同伴文化，并与之合作来管理学生的学习。我们要知道学生中谁是谁的朋友,谁有地位,学生之间的角色是什么,学生关于流行文化分享的知识和观点——音乐、电视、衣服——以及他们一起参与和共事的方式。正如格雷厄姆·纳托尔在第四章中所指出的,这对我们这些在小学教书的人来说要比那些在高中工作的人容易得多。如果你是一名高中教师,你可能需要发展一种需要相互尊重与合作的替代文化——一种每个人都觉得自己对课堂活动有贡献的文化,每个人都对学习负责。这就是研究人员和从业者所说的教师需要建立一个"学习社区"的含义。

鼓励学生逐渐管理自己的学习活动

最后,由于学生学习的大部分内容都是来自己选择或内生的体验,而且他们管理自己参与这些活动的方式对他们的学习能力有着强大的影响,因此学生需要学习如何学习。教学的双重目标是教授课程内容以及学习内容的有效程序。随着时间的推移,学生将这些过程内化为富有成效的"思维习惯",他们可以自觉地运用这些习惯来学习新概念。

参考文献

Alton-Lee, A., Nuthall, G., & Patrick, J. (1989). Take your brown hand off my book: Racism in the classroom. *set: Research Information for Teachers, 1*, Item 8, 1 – 6.

Alton-Lee, A., Nuthall, G., & Patrick, J. (1993). Reframing classroom research: A lesson from the private world of children. *Harvard Educational Review, 63*(1), 50 – 84.

Berliner, D.C., & Biddle, B.J. (1995). *The manufactured crisis*. Reading, USA: Addison-Wesley.

Brophy, J. (2006). Graham Nuthall and social constructivist teaching: Research-based cautions and qualifications. *Teaching and Teacher Education, 22*(5), 529 – 537.

Cassidy, S. (2004). Learning styles: An overview of theories, models, and measures. *Educational Psychology, 24*(4), 419 – 444.

Clay, M. (1995). *Reading recovery: A guidebook for teachers in training*. Portsmouth, NH: Heinemann.

Clay, M. (2000). *Running records for classroom teachers*. Portsmouth, NH: Heinemann.

Collins, S. (2005). *"Excuse me, do we put a border around it?" The culture of learning that provides for opportunities for students to learn or not learn in middle school classrooms*. Unpublished doctoral thesis, University of Canterbury, Christchurch, New Zealand.

Dahl, K., & Freppon, P. (1995). A comparison of inner-city children's interpretations of reading and writing instruction in the early grades in skills-based and wholelanguage classrooms. *Reading Research Quarterly, 30*, 50 – 74.

Good, T.L., & Brophy, J.E. (2002). *Looking in classrooms*. New York: Harper and Row.

Hopkins, D., & Stern, D. (1996). Quality teachers, quality schools: International perspectives and policy implications. *Teaching and Teacher Education, 12*, 501–517.

Jackson, P. (1968). *Life in classrooms*. New York: Holt, Rinehart and Winston.

Kounin, J. (1970). *Discipline and group management in classrooms*. New York: Holt, Rinehart and Winston.

Leach, J., & Scott, P. (2002). Designing and evaluating science teaching sequences: An approach drawing upon the concept of learning demand and a social constructivist perspective on learning. *Studies in Science Education, 38*, 115–142.

Mehan, H., Okamoto, D., & Adam, J. (1996). *Constructing school success: The consequences of untracking low achieving students*. New York: Cambridge University Press.

Mercer, N. (1995). *The guided construction of knowledge: Talk amongst teachers and learners*. Clevedon, England: Multilingual Matters.

Morine-Dershimer, G. (1985). Gender, classroom organization, and grade level as factors in pupil perceptions of peer interaction. In L. C. Wilkinson & C. B. Marrett (Eds.), *Gender influences in classroom interaction* (Chapter 11). New York: Academic Press.

Mullis, I. V. A., Martin, M. O., Gonzales, E. J., Gregory, K. D., Garden, R. A., O'Connor, K. M., et al. (2000). *TIMMS 1999. International mathematics report. Findings from IEA's repeat of the Third International Mathematics and Science Study at the eighth grade*. Boston, MA: The International Study Center, Lynch School of Education, Boston College.

Nichols, S. L., & Berliner, D. C. (2005, March). *The inevitable corruption of indicators and educators through high-stakes testing*. Education Policy Studies Laboratory, #EPSL-0503-1-1-EPRU. Tempe, AZ: Arizona State University.

Nuthall, G. (1997). Understanding student thinking and learning in the classroom. In B. J. Biddle., T. L. Good, & I. F. Goodson (Eds.), *International Handbook of Teachers and Teaching*, Vol. II (pp. 681–768). Dordrecht, The Netherlands: Kluwer Academic.

Nuthall, G. (1999). Learning how to learn: The evolution of students' minds through the social processes and culture of the classroom. *International Journal of Educational Research, 31*, 139-256.

Nuthall, G. (2001). *Procedures for identifying the information content of student classroom experiences and predicting student learning*. Accessible on the Graham Nuthall website www.nuthalltrust.org.nz

Nuthall, G. (2004). Relating classroom teaching to student learning: A critical analysis of why research has failed to bridge the theory-practice gap. *Harvard Educational Review, 74*(3), 273-306.

Nuthall, G. (2005). The cultural myths and the realities of teaching and learning. In B. Webber (compiler), *The Herbison Lectures 1999 - 2004* (pp. 77 - 103). Wellington: New Zealand Council for Educational Research.

Nuthall, G., & Alton-Lee, A. (1993). Predicting learning from student experience of teaching: A theory of student knowledge construction in classrooms. *American Educational Research Journal, 30*(4), 799-840.

Organisation for Economic Co-operation and Development. (1994). *Quality in teaching*. Paris: Author.

Oser, F. K., & Baeriswyl, F. J. (2001). Choreographies of teaching: Bridging instruction to learning. In V. Richardson (Ed.), *Handbook of research on teaching* (4th ed.) (pp. 1031-1065). Washington, DC: American Educational Research Association.

O'Toole, V. (2005). *The role of emotion in children's learning task engagement in the elementary school classroom*. Unpublished doctoral thesis, University of Canterbury, Christchurch, New Zealand.

Piaget, J. (1928). *Judgment and reasoning in the child*. London: Routledge & Kegan Paul.

Pressley, M. (1994). State-of-the-science primary-grades reading instruction or whole language? *Educational Psychologist, 29*, 211-215.

Rathgen, E. (2006). In the voice of teachers: The promise and challenge of participating in classroom-based research for teachers' professional learning. *Teaching and Teacher Education, 22*(5), 580-591.

Shavelson, R. J. (2006). On the integration of formative assessment in teaching and learning: Implications for new pathways in teacher education. In F. Oser, F. Achtenhagen, & U. Renold (Eds.), *Competence-oriented teacher training: Old research demands and new pathways*. Utrecht, The Netherlands: Sense Publishers.

Stahl, S., McKenna, M., & Panucco, J. (1994). The effects of whole language instruction: An update and a reappraisal. *Educational Psychologist, 29*, 175 – 185.

格雷厄姆·纳托尔的其他与课堂研究有关的作品

Nuthall, G. A. (1999). The way students learn: Acquiring knowledge from an integrated science and social studies unit. *Elementary School Journal*, *99*, 303–341.

Nuthall, G. A. (2000). *How children remember what they learn in school*. Wellington: New Zealand Council for Educational Research.

Nuthall, G. A. (2000). The anatomy of memory in the classroom: Understanding how students acquire memory processes from classroom activities in science and social studies units. *American Educational Research Journal*, *37*, 247–304.

Nuthall, G. A. (2000). The role of memory in the acquisition and retention of knowledge in science and social studies units. *Cognition and Instruction*, *18*, 83–139.

Nuthall, G. A. (2001). Understanding how classroom experiences shape students' minds. *Unterrichtswissenschaft: Zeitschrift für Lernforschung*, *29*, (3), 224–267.

Nuthall, G. A. (2002). Social constructivist teaching and the shaping of students' knowledge and thinking. In J. Brophy (Ed.), *Social constructivist teaching: Affordances and constraints* (pp. 43–79). New York: Elsevier.

Nuthall, G. A. (2005). The cultural myths and realities of classroom teaching and learning: A personal journey. *Teachers College Record*, *107*(5), 895–934.

Nuthall, Graham. (2006). Bridging the gaps: The interactive effects of instruction and social processes on student experience and learning outcomes in science and social studies activities. In Fritz K. Oser, Frank Achtenhagen & Ursula Renold (Eds.) *Competence Oriented Teacher Training*, Rotterdam, The Netherlands: Sense Publishers.

Nuthall, G. A., & Alton-Lee, A. G. (1995). Assessing classroom learning: How students use their knowledge and experience to answer classroom achievement test questions in science and social studies. *American Educational Research Journal*, *32*(1),185-223.

Nuthall, G. A., & Alton-Lee, A. G. (1997). *Understanding learning in the classroom*. Report to the Ministry of Education. Understanding Learning and Teaching Project 3. Wellington: Ministry of Education.

其他公开发表的相关论文

Bourke, C. (Producer). (2004, 21 February). Interview with Graham Nuthall. *Saturday Morning with Kim Hill* [Radio broadcast]. Wellington: Radio New Zealand.

Kaur, B. (Ed.) (2006). Graham Nuthall's legacy: Understanding teaching and learning [Special issue]. *Teaching and Teacher Education*, *22*(5),525-626.

拓展信息

www.nuthalltrust.org.nz

The Graham Nuthall Classroom Research Trust School of Education

University of Canterbury

PO Box 4800

Christchurch

New Zealand